本当に必要なことがよくわかる

最新 離婚の準備・手続き・進め方のすべて

お金・子ども・生活の問題と法律知識

弁護士 柳田康男／弁護士 山下 環 監修

夫婦問題研究家・ライフアップカウンセラー
岡野あつこ 著

日本文芸社

離婚までの流れと手続き

離婚したい

離婚を決断する前に

離婚によって発生する問題を考える

24ページ

生活費　仕事　子どもの教育　親の介護

離婚を決断

離婚に向けて話し合う

58ページ

合意できず

合意

協議離婚

60ページ

離婚の約9割がこの協議離婚です

協議離婚

負担も大きくなく離婚の方法としては最も身近なもの。
でも、離婚後のトラブルを招きやすいので注意

協議離婚の手続き

○夫婦で話し合う

58ページ

・離婚の意思確認
・離婚条件の決定

合意の公正証書を作成

○離婚届の提出

60ページ

・夫婦と証人２名の署名・捺印

離 婚 成 立

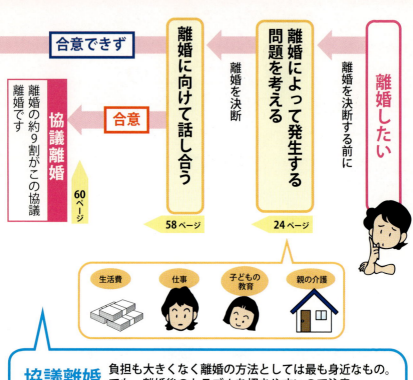

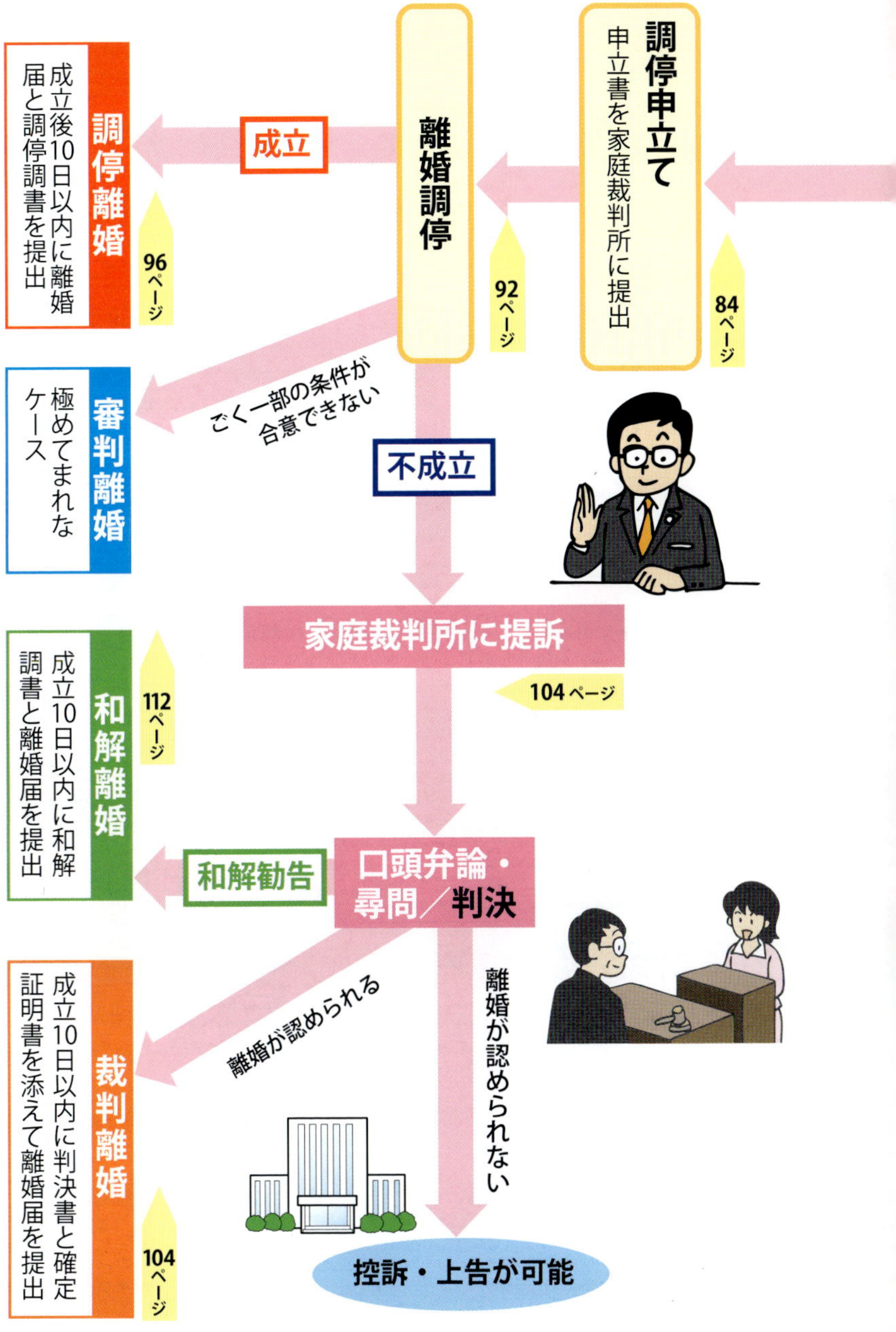

調停申立て
申立書を家庭裁判所に提出
84ページ
離婚調停
92ページ
成立
調停離婚
成立後10日以内に離婚届と調停調書を提出
96ページ
ごく一部の条件が合意できない
審判離婚
極めてまれなケース
不成立
家庭裁判所に提訴
104ページ
口頭弁論・尋問／判決
和解勧告
和解離婚
成立10日以内に和解調書と離婚届を提出
112ページ
離婚が認められる
裁判離婚
成立10日以内に判決書と確定証明書を添えて離婚届を提出
104ページ
離婚が認められない
控訴・上告が可能

離婚にまつわるお金の問題

財産分与と慰謝料

財産分与とは → 婚姻中に夫婦で築いた共有財産のこと
原則およそ 1/2 を認める傾向にある

130 ページ

種類

清算的財産分与

結婚生活で夫婦が協力して得た財産の清算
財産分与といえば、ほとんどこの意味と考えてよい

132 ページ

扶養的財産分与

142 ページ

慰謝料的財産分与

名目が財産分与ですが、実質的には慰謝料のこと

婚姻費用の清算

126 ページ

結婚生活を送る上でかかる費用

財産分与とは別物と考えられている。夫婦が合意できれば問題ないのでまとめて財産分与としている場合もある

一般的に財産分与とされるもの

132 ページ

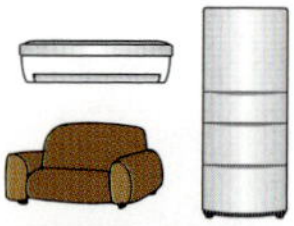

家財道具　不動産　自動車

預貯金　有価証券　家財道具

＊財産分与の請求権は離婚成立から 2 年以内

トラブルになりやすい財産分与

退職金

132 ページ

婚姻中の分が対象になり得る。将来受け取るものが含まれる場合がある。要件が厳しいので必ずもらえるわけではない

借金

133 ページ

マイナス財産として住宅・マイカーなどのローン。離婚の際この大きな債務をどう扱うかが問題となる

離婚後の年金について

156 ページ

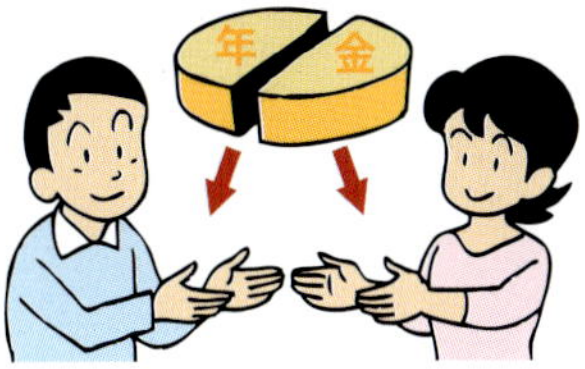

年金分割制度で会社員・公務員が加入する厚生年金は分割可能となった

・平成 16 年の法改正で、厚生年金を夫婦間で分割ができるようになる。以後改訂が続き、現在では一方からの請求で折半できるようになった（平成 20 年 4 月以降第 3 被保険者であった期間）

慰謝料

144 ページ

不倫と暴力が大きな原因

協議離婚後も請求できる期間がある

浮気や不倫、肉体的暴力・精神的暴力、生活費を渡さないなどの悪意の遺棄に対する損害賠償

不倫相手にも請求できる

不貞関係

婚姻関係を破綻させられた損害賠償

慰謝料の金額は理由によって変わる

146 ページ

不貞
100〜500 万円

悪意の遺棄
50〜300 万円

精神的虐待
50〜500 万円

財産分与・慰謝料の税金

150 ページ

金銭での支払いに関しては通常非課税だが、社会通念以上の財産分与や不動産で支払った場合等、ケースにより異なることがあるので注意する

離婚する場合
子どもに関して決めておくこと

養育費

親権

戸籍と姓

面会交流

166ページ

子どものメンタルケアを第1に！

親権に関する2つの要素

170ページ

身上監護権

子どもの身の回りの世話、しつけをする権利

財産管理権

子どもの財産管理、法定代理人となる権利

親権の分担

172ページ

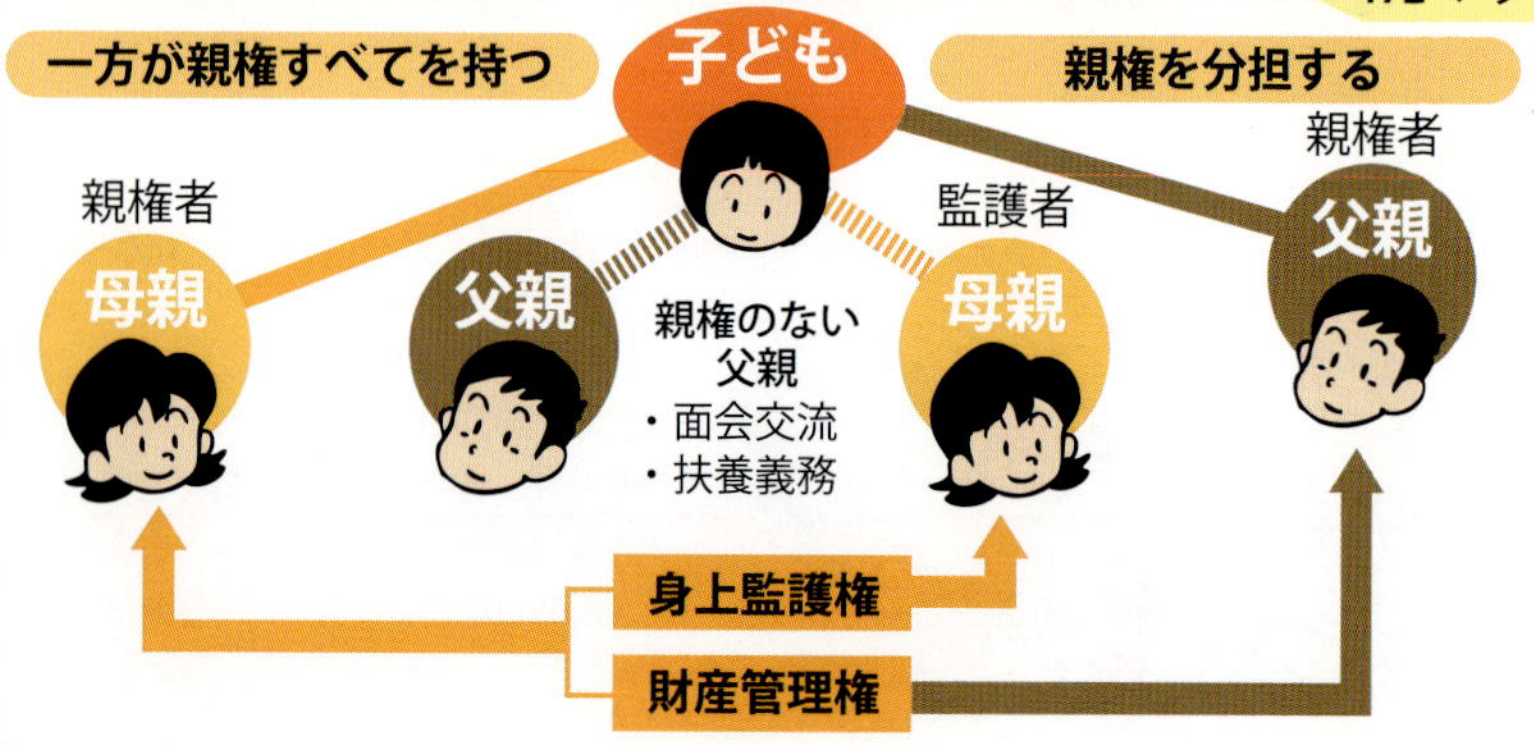

面会交流権

184ページ

監護者でない親が子どもと面会する権利

決めておくこと

188ページ

- 面会の頻度
- 時間
- 日数
- 宿泊してよいか
- 場所
- 電話のやり取り
- プレゼント
- 学校の行事
- 子供の意見の反映
- 連絡方法など

面会交流が認められないこともある

184ページ

- 子どもに暴力を振る
- 子どもに悪影響を与える
- 子どもが面会交流を望んでいない
- 子どもの福祉を害する

養育費

192ページ

子どもが自立するまでに必要なあらゆる費用

＊子どもが持つ権利で、一緒に暮らしていない親も支払う義務がある

こんな目的で使われる

生活費

教育費

医療費

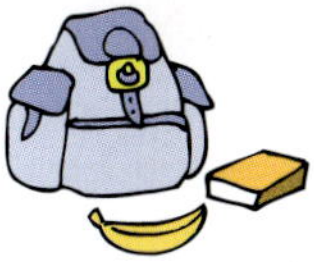

文化費・娯楽費

交通費

その他

養育費の支払い期間

198ページ

一般的には未成熟子が自立するまでで、明確な基準はない

- 18歳になるまで
- 高校卒業まで
- 成人に達するまで
- 大学卒業まで

etc.

離婚した場合の戸籍・姓の問題

離婚によって戸籍はどう変わる

208ページ

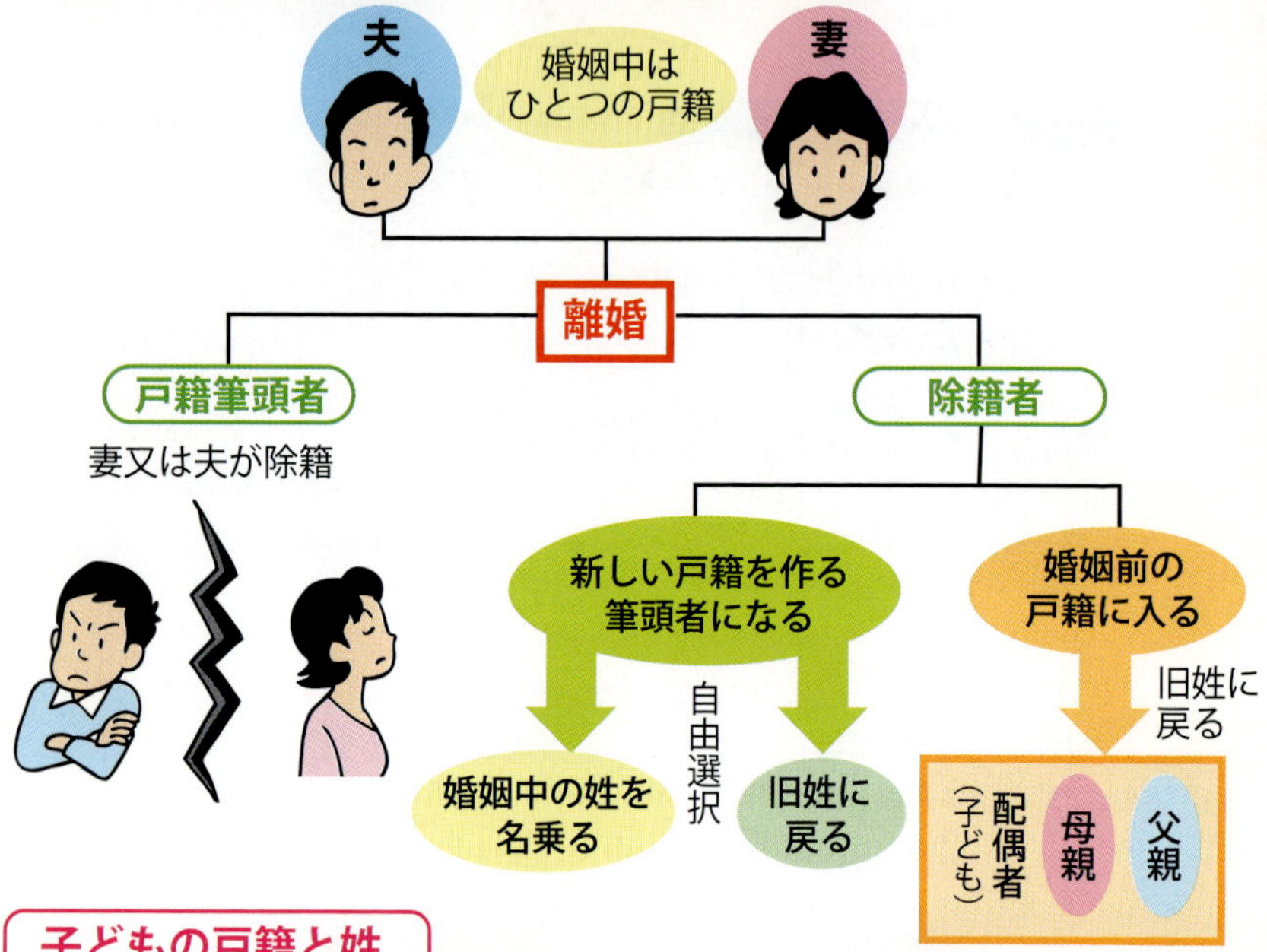

子どもの戸籍と姓

214ページ

子どもの戸籍

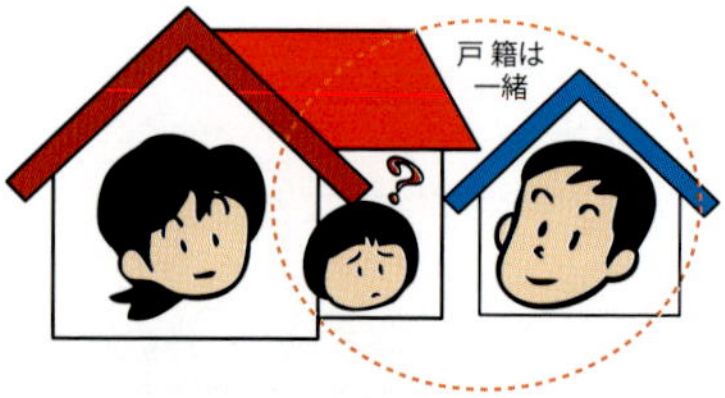

離婚して母親が除籍となり、
子どもは母親と暮らしても、
出生時の父親の戸籍のまま

子どもの姓

離婚後、母親が婚姻中の姓を名乗った場合

⇒母親と子どもは姓は同じだが法律上は異なる

離婚後、母親が旧姓に戻った場合

⇒母親と子どもの姓が異なる

↓ 子どもの姓の変更

家庭裁判所に「子の氏の変更許可申立書」を提出・申請する

すぐに済ませたい 離婚後の手続き「チェックリスト」

離婚後の氏名・住所の変更

- □ 印鑑登録証明書と住民票、住基カード
- □ マイナンバーカード
- □ 運転免許書／パスポート
- □ 銀行口座／クレジットカード
- □ 水道、電気、ガスなどの公共ライフライン
- □ 固定・携帯電話、ネット回線など
- □ 郵便局（転送サービス）
- □ 犬の鑑札
- □ その他、CATV・宅配等のサービス

変更・加入手続き

- □ 戸籍の変更または作成
- □ 年金／健康保険
- □ 不動産／自動車／有価証券／生命保険などの財産
- □ 扶養控除

子供に関する変更・登録

- □ 戸籍の移動
- □ 転校手続き
- □ 幼稚園・保育園
- □ 健康保険の被扶養者登録
- □ 児童手当・扶養手当
- □ 学習塾・各習い事教室

＊平成 28 年 1 月より行政手続きにはマイナンバーと本人確認が必要となります。

最新 離婚の準備・手続き・進め方のすべて

CONTENTS

巻頭

第1章 離婚を決断する前に準備すること

離婚後の生活基盤を決めておこう！ 42
公的援助への過度の期待は逆に生活を困窮に追い込む
迷うときは別居を！メリットもある 44
夫婦の間の冷却期間としてとても有効。即離婚は失敗のもとに
離婚の条件を決めるための基本 48
自分の希望をまとめ、優先順位をつける
頼れる相談相手と出会うには？ 52
経験豊富で、心配りのできる相談者を選ぶ

第2章 上手に離婚するための手続き・進め方

離婚の意思と条件の伝え方 58
離婚の意思と条件は2段構えで上手に伝える
「協議離婚」の手順とポイント 60
夫婦と2人の証人の署名・押印があれば離婚できる
協議離婚の上手な進め方 64
夫婦の会話という意識を捨てて、交渉に臨むつもりで話し合う
協議離婚に際して決めておくべきことは 68
離婚条件の協議はもちろん、必要なことは届出の前に決めておく
離婚届の書き方 72
自筆であること、各項目の注意点などに気をつけて記入する

公正証書の意味と作り方 76
公正証書とは公証人が作成する公文書
勝手に離婚届を提出されないために 78
「不受理申出」で離婚届の受理を阻止できる
調停離婚の意義 82
話し合いが決裂したら調停離婚へ
調停離婚の申立て方法と必要書類 84
申立書は簡潔に、感情的にならずに記載し、家庭裁判所に提出する
調停離婚を有利に進めるためのコツ 88
調停委員の心証が大きく結果を左右する
調停から離婚までの流れ 92
第1回目に全体の方向を定めその後は1~2ヵ月に1度行なう
調停の内容とそのための準備 94
申立ての経緯や必要事項は書面にまとめておく
調停離婚の成立とその後の手続き 96
合意内容を記した調停調書が作成され、調停離婚の成立となる
調停中・調停後のトラブルと対処法 98
調停中の財産処分を防いだり、調停調書の内容を守らせる方法
調停には弁護士は必要? 102
相談はしておくべきだがケースバイケースなので慎重に

裁判離婚の特徴と注意 104
途中で協議離婚が成立してしまうと付帯請求はできなくなる

裁判離婚が認められるには? 108
民法が定める法定離婚原因がないと、裁判で離婚は認められない

裁判離婚の訴訟を起こすのに必要な手続き 110
訴状に収入印紙を添付して家庭裁判所に提出する

裁判離婚の流れと注意点 112
離婚の裁判でも証人尋問や証拠調べが行なわれる

弁護士への依頼方法と費用 114
離婚案件の経験豊富な弁護士を探す。評判だけを頼りにしない

まとまったお金がなくても弁護士を依頼できる 118
一定条件を満たせば民事法律扶助により弁護料が立て替えられる

有責配偶者からの離婚請求は認められる? 120
離婚請求に対する考え方は有責主義から破綻主義へと変化している

裁判を有利に進めるためのポイント 122
勝利は裁判官を知ることから

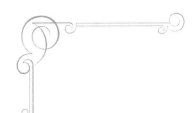

第3章

離婚で生じるお金の問題

知っておくべき離婚で「生じるお金」のこと 126
どんな性質のお金をどの程度請求できるか交渉前に理解しておく

財産分与の意味と種類 130
清算的財産分与は離婚すれば基本的に請求できる権利

財産分与の基本となる清算的財産分与 132
婚姻期間中に夫婦間で築かれたすべての財産が分与される

事前に対象財産をリストアップしよう！ 134
金銭的価値がわかりやすいものは割切って交渉する

清算分与の割合に相場はあるの？ 136
裁判所の分与基準を参考にして、割合を決めていくのが一般的

不動産分与をするときのポイント 138
評価額の算出は、市場価格を目安とする

財産分与に必要な書類と手続き 140
法的拘束力のある公正証書として、確実に支払われるようにする

扶養的財産分与が検討されるとき 142
離婚後の自立した生活に不安がある配偶者への分与

「離婚すれば慰謝料がもらえる」は間違い 144
精神的な苦痛に対する賠償。3年という請求期限に注意する

慰謝料の「相場」はどれくらい？ 146
ケースにより金額は異なるが、相手の支払い能力によって決まる

不倫相手にも慰謝料を請求できる！ 148
離婚原因を作った第3者に対して損害賠償の請求が可能

財産分与や慰謝料にも税金がかかる!? 150
非課税のものでも分与金額が多過ぎると課税される

財産分与と慰謝料には請求期限がある 154
離婚後だと期限が過ぎて請求できないこともある

婚姻期間中の厚生年金保険料が分割可能に 156
不公平感があった厚生年金の分割配分が平成19年4月より変わった

別居期間の生活費も請求できる 160
別居期間中であっても相手の生活の面倒を見る義務がある

決まったお金を取り損ねないために！ 162
相手が逃げる可能性まで考えて、必要な手続きをとっておく

第4章 子どもの未来を守るために

子どもに関して決めておくべきことは？ 166
親権者・面会交流権・養育費などの問題。メンタルケアを考えて決める

「親権」が意味する2つの要素 170
両親の一方が持つ親権には、身上監護権と財産管理権がある

親権者を決めるさまざまな要素 174
子どもの年齢も考慮し、両親の話し合いで決める
監護者として子どもと暮らすこと 178
親権でもめたときは、監護権を主張するのもひとつの手段
親権者・監護者を変更したいとき 180
一度決定された親権者は、よほどの事情がないと変更が許されない
面会交流権とは何か？ 184
監護者でない親が子どもと面会する権利。認められない場合もある
面会交流権は離婚後も問題化しやすい 188
お互いの協議で決まらなければ調停・審判へ
面会の際に監護者が注意すること 190
周囲の協力を得て、トラブルを避ける
養育費は子どもが持つ権利 192
子どもが自立するまでに必要な、あらゆる費用が対象となる
養育費を決めるときの注意！ 194
取り決め内容は公正証書にしておくことが望ましい
養育費は親の生活水準によって異なる 196
子どもが成長したときに納得できる内容にする
養育費の支払い期間と支払い方法 198
離婚によって生活や教育レベルが落ちない最善の方法をとる

養育費の増額・減額をしたいとき 202
状況の変化により、いったん決めた養育費の変更は可能
養育費の支払いが滞ったとき 204
支払いが滞った場合は、法的手段に訴える

第5章 離婚後の戸籍・姓の問題と手続き

離婚すると戸籍はどうなるの？ 208
結婚前の戸籍に戻るのか、新たに戸籍を作るのかを選択する
離婚後に名乗る姓の選択をする 210
新しい戸籍を作れば、旧姓でも婚姻中の姓でもＯＫ
子どもの戸籍と姓の変更をするには？ 214
子どもの姓を変更するには、家庭裁判所に子の氏の変更許可を申立てる
離婚後の届出・手続き 218
手続き忘れなどがないように、リストにして対応していく
健康保険の脱退と加入の手続き 220
夫婦同一だった場合と別々だった場合で、手続きも変わってくる
年金の変更手続きはどのように行なう？ 222
専業主婦だった妻は大きな変更があり保険料の負担も

離婚後の生活支援制度について 224
公的支援は一時的な救急措置として考え、利用する

母子家庭のための児童扶養手当 228
自治体の児童課に申請することで、児童扶養手当が受けられる

心の痛手から立ち直るには？ 230
離婚は幸せ探しの一通過点として前向きに考える

巻末資料

「養育費算定表」で養育費請求の目安を知る 232

全国の家庭裁判所所在地・連絡先一覧 240

法テラス全国事務所の所在地・連絡先一覧 242

スタッフ

カバー・本文デザイン　野村幸布
イラスト　長野 亨
編集協力　日本メディア・コーポレーション
　　　　　塩飽みれい

第1章

離婚を決断する前に準備すること

「離婚」の一言を切り出す前に！

離婚届はいつでも出せると考えて、もう一度自分の心を確認する

既婚者の約半数が離婚を考えている!?

既婚の男女を対象に「離婚」を考えたことがありますかという質問に、少しでも考えたことがある人まで含めると、実に半数近くの人が「ある」と答えたデータがあります（左図参照）。

生まれも育ちも違う人間同士ですから、日常生活の積み重ねの中で、「別れたい」と思う気持ちになったとしても不思議はないのです。でも、実際に離婚をするかどうかとなれば話は別です。ふだんの不満からの勢いだけで、そのまま離婚となっては後悔することが多いはずですが、実際の日本の離婚率は30パーセントを超えています。

離婚を考え始めた人は、その原因がなんであれ、どうにも我慢ならないという思いに到達し、感情が先立って「離婚」という結論を出すのでしょう。その結論には「もう限界だ！」という強く頑《かたく》なな気持ちが含まれているはずです。

２人にひとりは離婚を考えたことがある！

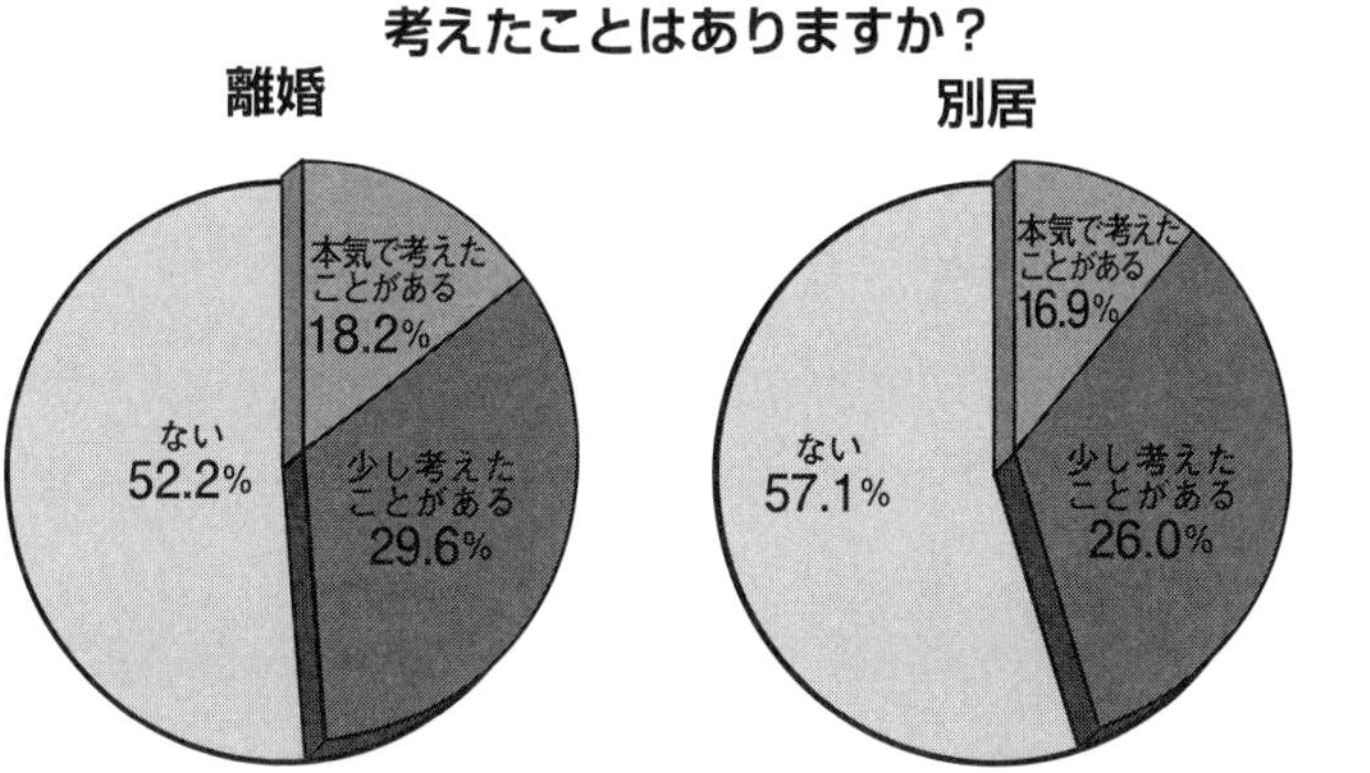

婚活実態調査 2016（リクルートブライダル総研調べ）

ただ、はっきり言って、離婚届はいつでも出せます。相手に話を切り出す前に、相手に離婚届をつきつける前に、本当に離婚していいのか、自問自答をしていただきたいのです。自分の相手に対する愛情は完全になくなってしまったのか、相手はどう思っているのか。もう一度、見つめ直すことが大切です。

離婚はあなたの「幸せの選択」!?

愛情が冷めるには、いろいろな原因があると思います。単に結婚前のような、恋愛感情が冷めただけということもあるでしょう。そういう場合には、夫婦愛や家族愛にうまくステップアップができなかったということになるでしょう。ですから「愛情が冷めた」というだけの理由だけで、離婚はおすすめできません。

しかし、**浮気、暴力、借金、不労など、相手に社会的な問題があり、それが家庭にも影響を及ぼすようになった場合には、離婚も考慮に入れてしっかりと考えていくことも必要です。これらのように身に危険が及ぶようなケースでは、早い決断とそれなりの対処が必要です。**そうでない限りは、別れることを急ぐのは得策ではありません。

本当に離婚してもいいのかという確認は自分の人生を振り返る上でもとても大切です。そしてその結果、どうしても別れたいと思った場合には、我慢を重ねて表面上の修復をするばかりが美徳とはいえません。

できれば離婚はしないほうがいいとはいっても、心身に極端な負担を与えてまで、修復を目指すのはナンセンス。人生においては、自分に問いかけてみた「幸せへの選択」が「離婚」という結論になることもあるということです。

ときには〝妥協〟も必要

「どっちでもいいんだ」「無理はしなくていいのね」というような気持ちの余裕が、より良いアイディアを生む可能性だってあります。頑なに、修復することばかりを考えるのも、別れることだけを考えるのも、いい結果にはならないということを頭に入れておきましょう。

まずは自分の気持ちの確認をした上で、感情以外の問題をクリアしていきましょう。ときには、

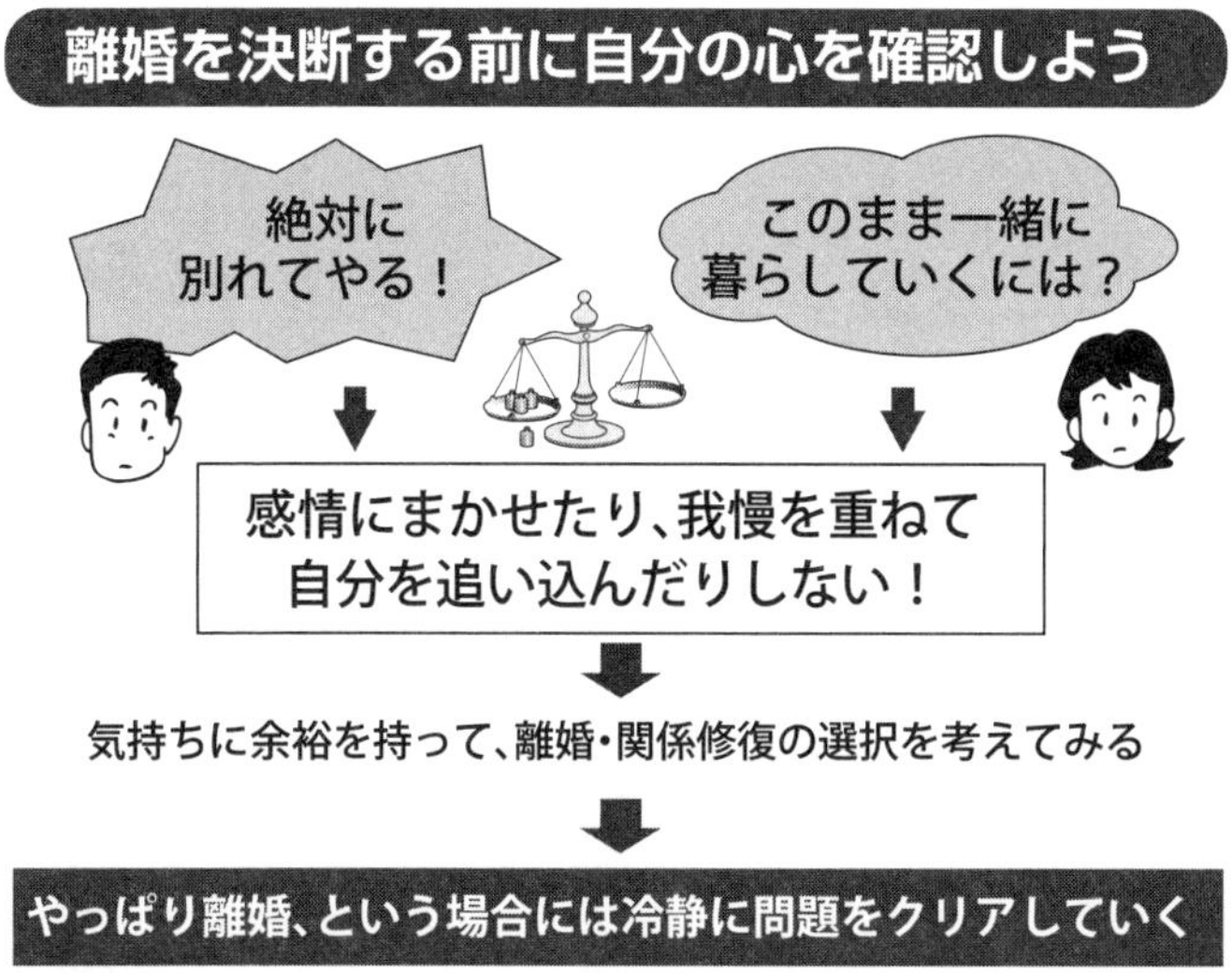
離婚を決断する前に自分の心を確認しよう
絶対に別れてやる！
このまま一緒に暮らしていくには？
感情にまかせたり、我慢を重ねて自分を追い込んだりしない！
気持ちに余裕を持って、離婚・関係修復の選択を考えてみる
やっぱり離婚、という場合には冷静に問題をクリアしていく

子ども、お金、環境、状況など、感情とは別のことのために、自分の出した結論を覆《くつがえ》さなくてはならないこともあります。あまり厳密に感情確認をしたり、譲《ゆず》れないと頑なになることは避けたほうが、かえって傷つかないということがよくあります。

自分の感情に妥協をするのは、誰でも気持ちがいいことではありませんが、世の中にはどうにもならないことや、考えを変える道を選ばざるを得ないこともあります。

大切なことは、どんな人生を辿《たど》ることになっても、そのときどきの幸せを見つけて、悔《く》いのない人生になるよう、自分なりの人生の楽しみ方を見つけることなのです。

ADVICE

頑なに離婚、もしくは修復のことばかり考えて、一方的な結論に決め込まない。

離婚によるデメリットを考える

仕事、子ども、介護のことも考えて行動する

離婚後の生活設計を立ててみる

単純に「離婚によって困ること」をあげていくと、専業主婦だったら離婚はできない、となってしまいます。ですから現実に離婚を決めたら、離婚後自分に振りかかる問題点は前もって予測して、覚悟を持ってあとから「想定外だった」と後悔することのないようにしましょう。

結婚後も、独身時代と同じ職場で仕事を続けている人にとっては、あまり大きな問題はありませんが、退職して専業主婦で仕事を持っていない、生活の足しになる程度のパートだけしていた、夫の仕事を手伝っていた、まったく仕事を持ったことがない……そのような女性は、離婚後の生活のために新たに仕事を探《さが》すといった問題が生じます。

慰謝料や財産分与で、らくらく生きていけるというケースは現実には少ないので、離婚した後の生活をシミュレーションして、どんな仕事が自分にできるのかをしっかり考えて生活設計を立てて

離婚後の生活をシミュレーションしてみる
結婚後の収入がない、あるいは少額だった人
専業主婦
わずかなパート・アルバイト
夫の仕事を手伝っていた…
生活設計をしっかり立てる
結婚後も仕事を続けていた人
ビジネスウーマン
生活していける収入がある
離婚をしても大きな問題にならない

おくべきです。

さらには、たとえ愛情が冷めてしまっても、物理的に別れることが難しいということもあります。例えば、一緒に仕事をしている場合などがそれです。もちろん、夫婦という関係を解消しても、仕事は一緒にし続けるというケースもありますが、**本当に離婚を考えるのであれば、物理的な問題にいつまでもしがみつかないで手放す勇気も必要になります。**

離婚で迷惑をかける人がないように努力する

子どものことも重要です。どちらが引き取るかなどの条件的な問題もありますが、それ以前に**子どもといっても別人格ですから、子どもがどう思うかを考えるのも確認すべきことのひとつです。**

そういった感情の問題に加え、実際に育てることができるかどうか、育児に使える時間があるか、経済的な問題は大丈夫かも大切なことです。夫婦で決めた離婚に関係のない人たちに迷惑をかけることも十分に考えられるので、できるだけの努力をしていかなくてはならないのです。

もちろん、言うまでもなく親が子どもを養育するのは当然のことですから、トラブルになったときに「困っちゃったわ」では済まされません（詳しいことは以降の項目、章で触れていきます）。

また、20～30代ぐらいの離婚では、自分の親の年齢も若いので、あまり心配をすることもないでしょうが、**親が高齢の場合には、離婚後に働きながら介護もしなければならない状況を考えておくべきです。自分の生活のために働かなくてはいけないので、親のことにまで手が回らない……というわけにはいきません。**現代社会では、離婚を考える世代でも子どもはひとりっ子やせいぜい２人ぐらいが多いので、誰がどの親の介護をするかなどということも考えに入れておかなければならないと思います。

離婚後の問題に立ち向かう覚悟を！

親の介護は、とくに熟年離婚になれば、かなり深刻な問題です。すでに介護している状況の人もいるでしょうし、場合によってはそれが離婚の原因になることもあるでしょう。そうなったら、どうしても離婚の決意と同時に介護のことを考えなくてはなりませんし、離婚後すぐになんらかの形

離婚によって発生する問題
生活費
仕事
子どもの教育
親の介護
離婚によって問題が生じるのは、やむを得ないこと
落ち込まずに、困難に立ち向かうことが大切！

で降《ふ》りかかってくることなのです。

いくつかの代表的な問題について考えてみましたが、離婚は「家族」という形を解消するわけですから、気持ちの上でも、生活の上でも、多くの困難はやむを得ないのです。でも、そこで落ち込んでいてもどうしようもありません。

離婚するのであれば、先の人生に希望を持って、幾多の困難に立ち向かうエネルギーをためましょう。また、**困ったことが今はじめて起きるということは、それまでは結婚生活が充実していたということですから、自分の結婚生活のあり方は正しかったんだと、これからの人生への自信の素《もと》にしましょう。**

ADVICE

「うちはお金がないから」などと口に出すと子どもが心配するし、本当にお金がまわってこない。

離婚するときに解決しておくべき問題

お金、戸籍・姓、子どもなどの問題は離婚時に解決する

避けて通れない財産分与・慰謝料の問題

離婚に際して、お金の問題は避けて通れません。まずあげられるのは「**財産分与**」です。

● **財産分与**　夫婦で協力して築き上げた財産を分配するということです。

婚姻中に得た収入、それによって夫婦の合意に基づいて購入した財産は夫婦共有の財産です。土地・建物などの不動産、車、預貯金、有価証券などで、所有名義が夫婦のどちらかになっていても、それを所有するにはもう一方の協力もあったと考慮され、共有財産とみなされます。

いったん離婚届を出してしまったあとでも、財産分与の請求はできます。ただし、2年という請求期限があります。また、離婚後では離婚と引き換えとする条件交渉ができないので、離婚時に解決しておいたほうがいいでしょう。

● **慰謝料**　精神的損害の賠償です。

離婚というと「慰謝料は？」という質問がすぐに出てくる傾向にありますが、お互いが主張し合う精神的苦痛による代償というものが他人に認められにくく、納得できる金額に至らないことも多いのが現実です。

子どもの戸籍や親権・監護権の決定は慎重に

●戸籍と姓　あらかじめしっかり考えておくべき問題です。婚姻中の戸籍は夫婦の戸籍としてひとつでしたが、離婚をするとそれぞれの籍に分かれます。

子どもがいる場合、両親が離婚しても、**子どもは結婚時の夫婦の戸籍に残ります。**親権者となった母親が旧姓に戻ったとすると、子どもと母親は姓も戸籍も異なることになります。母親が婚姻中の姓を名乗り続ける場合は、見かけは子どもと同じ姓ですが、法律上、子どもとは戸籍も姓も別です（別途入籍の手続きが必要になります）。

【離婚時に選択できる戸籍と姓】　婚姻時に、夫の戸籍に入り、夫の姓を名乗っていた女性の場合。

●結婚前の戸籍に戻り、旧姓に戻る（子どもの入籍は不可能）
●自分で新しく戸籍を作り、旧姓に戻る
●自分で新しく戸籍を作り、結婚時の姓を継続使用する

これらに、子どもがいる人は子どもの問題を考え合わせていくことになります。ただし、子ども

の籍については、必ずしも親権や監護権《かんごけん》を持っている親の戸籍に入るというわけではありません（詳しいことはあとの章を参考にしてください）。

子どものことは、前項でも触れたような法的ではない要素も大いに含まれるので、慎重な対応が必要です。もちろん、法的な問題にもきちんと取り組まないと、子どもの将来にも関わる問題に発展することもあるので、気をつけなくてはなりません。

最優先で考えるべきことは、「親権」と「監護権」です。離婚の際には、未成年の子どもの親権者をどちらにするか決めなければなりません。親権者は子どもの生活に関することや財産管理についての権限を持つだけではなく、未成年の子どもの「法定代理人」になります。それに関しては、親権者でない者は干渉できないことになっています。もっとも、親権者にならなくても、子どもの財産の相続権や扶養義務はありますので、勘違いのないように子どもを見守りましょう。

監護権を持つ「監護者」とは、実際に引き取って子どもを育てる者のことで、監護に必要な範囲内で親権者の権限をも行ないます。多くの場合、親権者が兼ねますが、別に立てることも可能です。監護者は親権者とは違って親でなくてもよく、子どもの利益にとって最も適していると判断できれば、祖父母やおじ・おばなどでも構いません。

離婚を考える上で、とりわけ気をつけて考える点は以上です。あらゆることに気を配り、離婚を円滑に進めるためにも、各自がしっかりと知識と情報を集めて検討することが大切です。

離婚するときに解決すべき問題

お金の問題

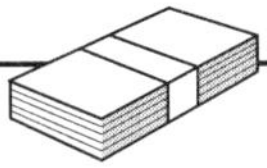

財産分与

婚姻中に得た収入・購入した資産は、夫婦共有の財産とされ分け与えられる。 請求のできる期間は、離婚から2年

→ 詳細は130ページ

慰謝料

相手の行為による精神的苦痛を、金銭に換算して支払われるもの。 請求のできる期間は離婚から3年

→ 詳細は144ページ

養育費

親権者（あるいは監護者）となった親に対し、もう一方の親が支払う、子どもを育てるための費用

→ 詳細は192ページ

子どもの教育

親　権

子どもの生活や財産管理の権限を持ち、子どもの法定代理人となること。 離婚に際して夫か妻のどちらかに決める

→ 詳細は170ページ

監護権

実際に子どもを引き取って育てる権利。 夫や妻でなくても、適任者がいればその人物でもよいが、多くは親権者が兼ねる

→ 詳細は178ページ

戸籍・姓の問題

婚姻時に夫の戸籍に入り、夫の姓を名乗っていた場合、自分の戸籍 ・ 姓をどうするか選択する。 また、子どもがいる場合には、子どもの戸籍 ・ 姓についても考える必要がある

→ 詳細は208ページ

POINT 親権にこだわる夫に親権をあえて譲ることで、教育費やかかる経費を多く出してもらえる可能性がある。

円満に離婚を進めるにはどうしたらいい？

協議離婚をはじめ、離婚の手続きには5つの方法がある

夫婦の「合意」で成立する協議離婚

離婚は、手続きの方法によって5つの方法があります。**協議離婚、調停離婚、審判離婚、和解離婚、裁判離婚**です。協議離婚と調停離婚は自分で動き出すため、最初から選ぶことができますが、審判離婚と和解離婚、裁判離婚は最初から選ぶことができません。そのことを説明するために、まずは各離婚方法について簡単にお話しします。

●**協議離婚**　当事者（妻と夫）の協議＝話し合いによって離婚を決定するものです。条件なども含めた、離婚までの流れのすべてが話し合いで収《おさ》まったときに協議離婚ということになります。民法763条にあるように、「夫婦はその協議で離婚することができる」わけですから、一番簡単な方法だといえます。

協議離婚は、夫婦が「合意」すれば、それがいかなる理由であっても問題なく、一定の事由があ

協議離婚が約９割

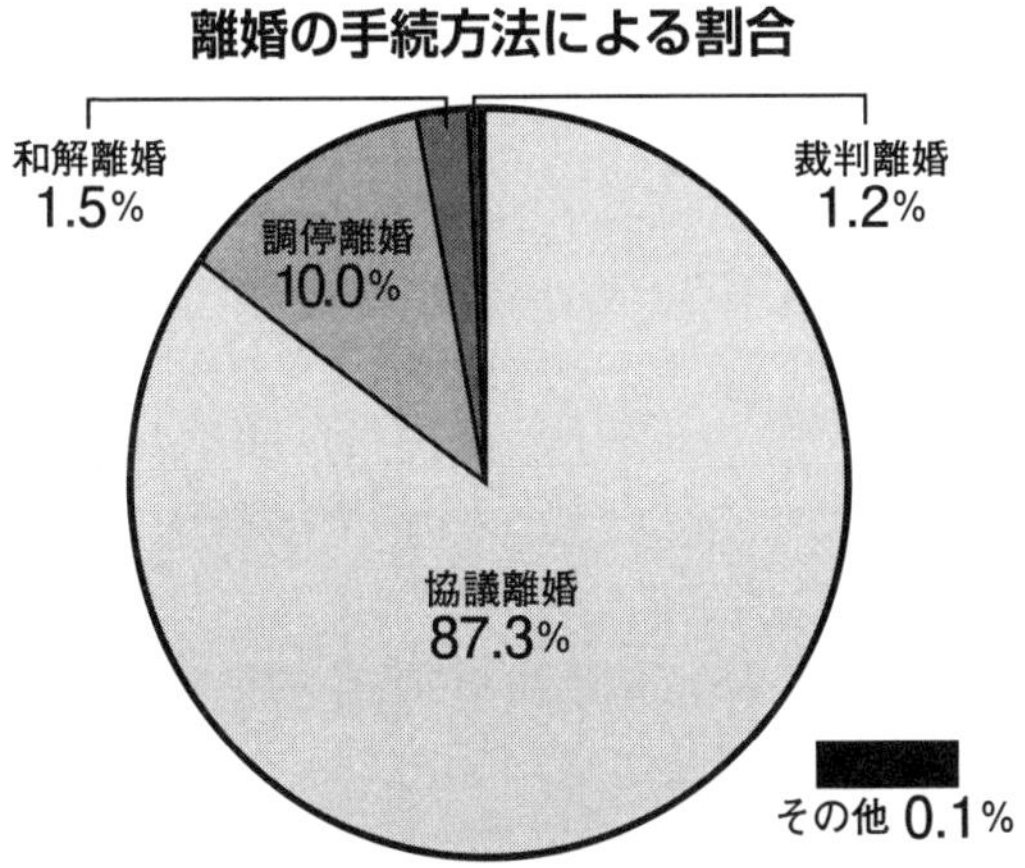

（2013年厚生労働省・人口動態調査より）

る必要はありません。 離婚届の用紙（74・75ページ）に、夫婦２人が署名・押印し、さらに成人２人が証人として署名・押印して、提出された離婚届を役所が受理すれば離婚は成立します。

● **調停離婚**　なんらかの事情で話し合いによる離婚が成立しなかった場合に、一方が申立人となって行なわれる、家庭裁判所での調停で成立する離婚のことをいいます。

離婚が成立するということは、家庭裁判所で行なわれる調停での話し合い（調停委員という第３者を介し、お互いの言い分を間接的に詰めていく）を経て、離婚することとその条件が決まるということです。そして、離婚することとその条件が書かれた調停調書が作成され、その謄本と離婚届を本籍地の役所に提出することにより戸籍に反映され、離婚が成立します。

●審判離婚　調停での話し合いが決裂し、離婚が不成立ということになると、まれに家庭裁判所がその職権で「調停に代わる審判」を下し、強制的に離婚させることです。

審判が下されて2週間以内に当事者（双方）から、異議申立てがないと離婚が確定します。確定後10日以内に審判書の謄本と確定証明書を役所に提出することで離婚は成立します。ただし、審判の効力は当事者の異議で簡単に失われてしまうため、裁判所が審判を下す事例はほとんどありません。したがって通常は、不成立となり審判がなされなければ、裁判離婚に進むことになります。

裁判で離婚を決める和解離婚と裁判離婚

●裁判離婚　家庭裁判所に離婚訴訟を起こすことです。

まずは、よく勘違いされていることを説明します。一刻も早く離婚したいので裁判を起こそうと思う人もいるはずです。でも、**日本の家事事件手続法には、「調停前置主義《ちょうていぜんちしゅぎ》」という規定があり、裁判を起こす前にまず調停での話し合いを経なければなりません。ですから、まず調停が不成立になり、それから裁判に発展するという流れを理解しておきましょう。**裁判に進むことになった場合、夫婦のどちらか一方が、家庭裁判所に離婚の訴えを起こします。協議離婚、調停離婚では、離婚を求めることに法律で定める原因や理由はいりませんでしたが、**裁判離婚の場合は被告となる配偶者に、法律上の一定の原因があることが要求されます。**

離婚手続き5つの方法

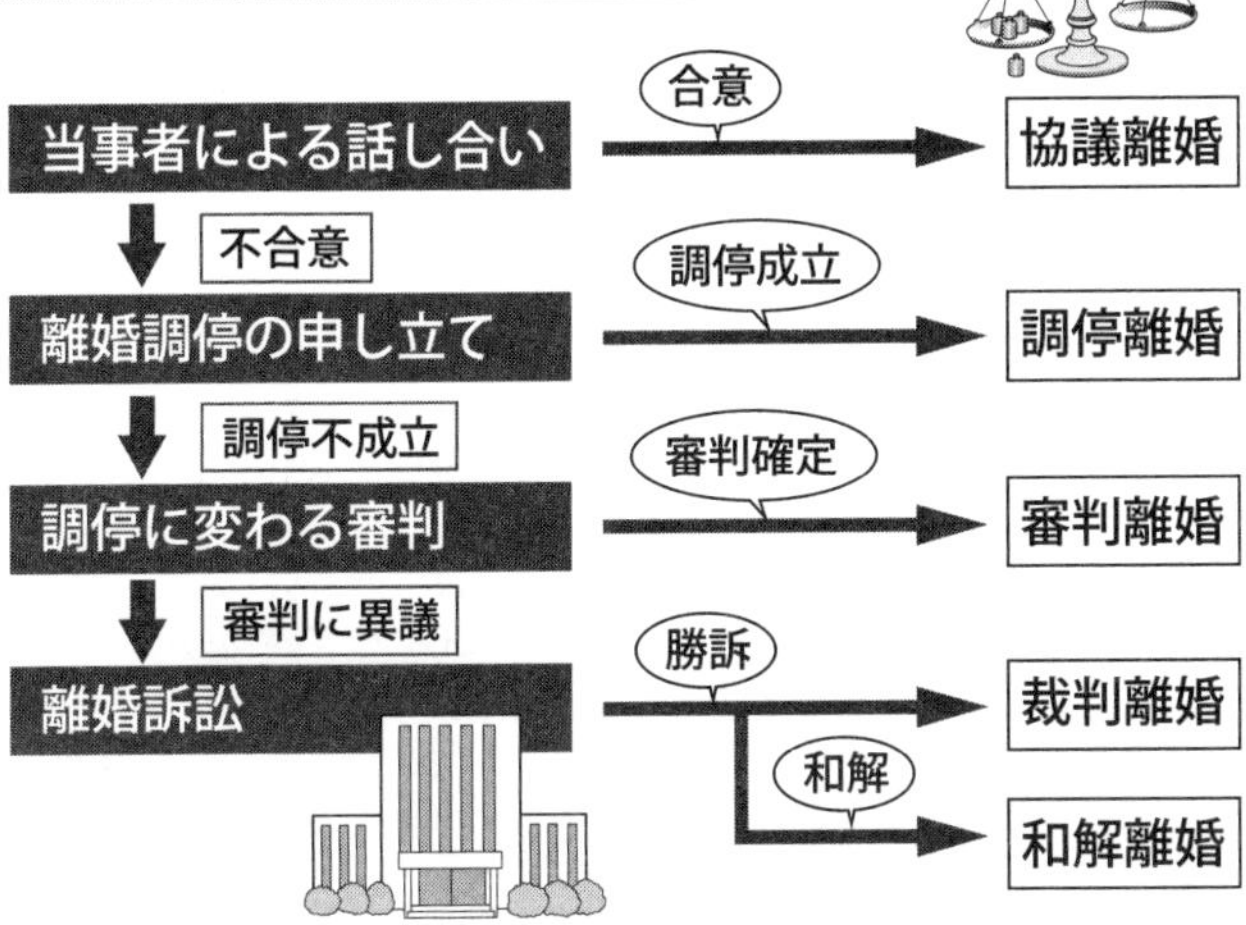

裁判が始まると、それぞれの言い分を書面にまとめて提出し、証拠書類や双方の本人尋問《じんもん》、証拠調べなどがなされます。その過程で判決ではなく、話し合いによる解決をすすめられる「**和解勧告**」が裁判所からなされることもあります。和解が成立しない場合、やがて、判決が下り、双方から控訴がされず判決が確定すると、**裁判離婚が成立し、役所へ判決正本と確定証明書を提出することで戸籍に反映されます。**

極めて少ないケースですが、離婚事件でも最高裁判所まで行くこともあります。通常はそこまでするまでもなく、どこかで折り合いをつけているケースがほとんどです。

ADVICE

離婚の話を切り出すときは、第三者が聞いて納得する理由を見つけて切り出すこと。

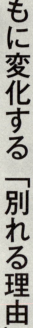

時代とともに変化する「別れる理由」

若い夫婦の逆ＤＶや熟年離婚などが増えている

肉体だけでなく精神も蝕《むしば》む「モラハラ」

私が、相談を受ける中で感じる最近の離婚傾向で顕著なのは、いわゆる「**モラハラ（モラルハラスメント）**」と「**逆ＤＶ（ドメスティックバイオレンス）＝配偶者間暴力**」です。**モラハラとはモラルハラスメントの俗語で身体的暴力ではなく、精神的暴力のことです。**

例えば、食事の支度が遅れた、部屋が片づいていない、といった些細《ささい》なことで、暴言を吐《は》き、怒鳴り散らす……その挙句《あげく》に、何週間も、何ヵ月も口をきかなくなってしまうのです。こういう夫の行動は身体的暴力ではありませんが、精神的暴力にあたります。日常的にこうしたことが繰り返されると、妻は夫の顔色を伺《うかが》いながら、機嫌を損ねないようにと脅《おび》えて暮らすことになってしまいます。

夫は家庭内のこと（日常生活の些細なこと）で思い通りにならないと妻を怒鳴りつけ、理不尽な理由で攻め続けるのです。妻はいつの間にか夫に支配され、夫の思い通りに操《あやつ》られ、自分で考えたり行動することができなくなります。

その上、こんなに夫を怒らせてしまう私が悪いのだ……と思い込んでしまうのです。そして、**夫の帰宅時間が近づくと倦怠感《けんたいかん》に襲われたり、緊張感が走って憂鬱《ゆううつ》になってしまうという軽い症状から、頭痛・胃痛・吐き気・動悸《どうき》・不眠などの身体症状が出てくることもあります。**

このようにして、モラハラは少しずつ精神と肉体を蝕んでいきます。一般的にいわれるＤＶのように、目に見える傷をつけられるわけではないので他人にもわかりづらく、**我慢強い人ほど長期間にわたって自分がモラハラの被害者であることに気づかないのです。**

強くなった女性の逆ＤＶ

ところが最近では、夫に手をあげる妻のケースも増えています。いわゆる「逆ＤＶ」です。

一言で言えば、優しい男性が増えて、キツイ女性が増えたということです。いくら妻が暴力を振るっても、決してやり返さない。攻撃しない。仕方がないから逃げるのです。

それに対して**女性のほうは、男女平等意識が強く、男性に対してもミスやあやまち、道理を通さないと許せない潔癖な人が多くなったのです。他にも家事が苦手で、あえていうならば「実家依存症」という方もいます。結婚前に母親に頼り切って、家事も何もせずに暮らし、そのまま結婚したところ、家事を「やれよ」などと言われただけで夫が許せなくなり、あっさりと出て行ってしまっ**

たりするのです。この逆ＤＶや実家依存は比較的若い年齢層の夫婦に多く、これが中年層になると、子どものこと、仕事のことなどを考慮して離婚は我慢しなければならないという考えを持った夫婦が増えてくるのです。もちろん、そのこと自体は悪いことではないのですが、その影響で男女問わず最近は不倫などに走る傾向にあります。

偶然の出会いのチャンスもさることながら、作為的な出会い＝出会い系サイトなどが一般的になり、安易な出会いが多すぎることも一因です。また、「自分を大切にする」という発想が自身に強い影響を与えているのもこの年齢層です。自分の気持ちを大事にするとか、自分の価値観を大切に生きるのは、間違ってはいないながら、極端にそれだけを追求するとまわりに迷惑をかけてしまう結果になりがちです。一度きりの人生なんだから……などという言葉も、その通りではあるものの危険な一面を含んでいます。一度きりの人生だったら、自分の好きなようになんでもやっていい。これが考えの基本になってしまうと、犠牲になるまわりのことなどなにも考えられなくなって、突っ走っていくのです。その結果が、家庭の崩壊につながるのです。

改正年金分割法が「熟年離婚」の背中を押す

自分を抑え込んで、我慢しすぎるのは、よくないと思いますが、だからといって不倫に走る、現実逃避的な行動は自分にとってもいい結果を生み出さないでしょう。もちろん自分の気持ちに正直

離婚件数と熟年離婚の推移

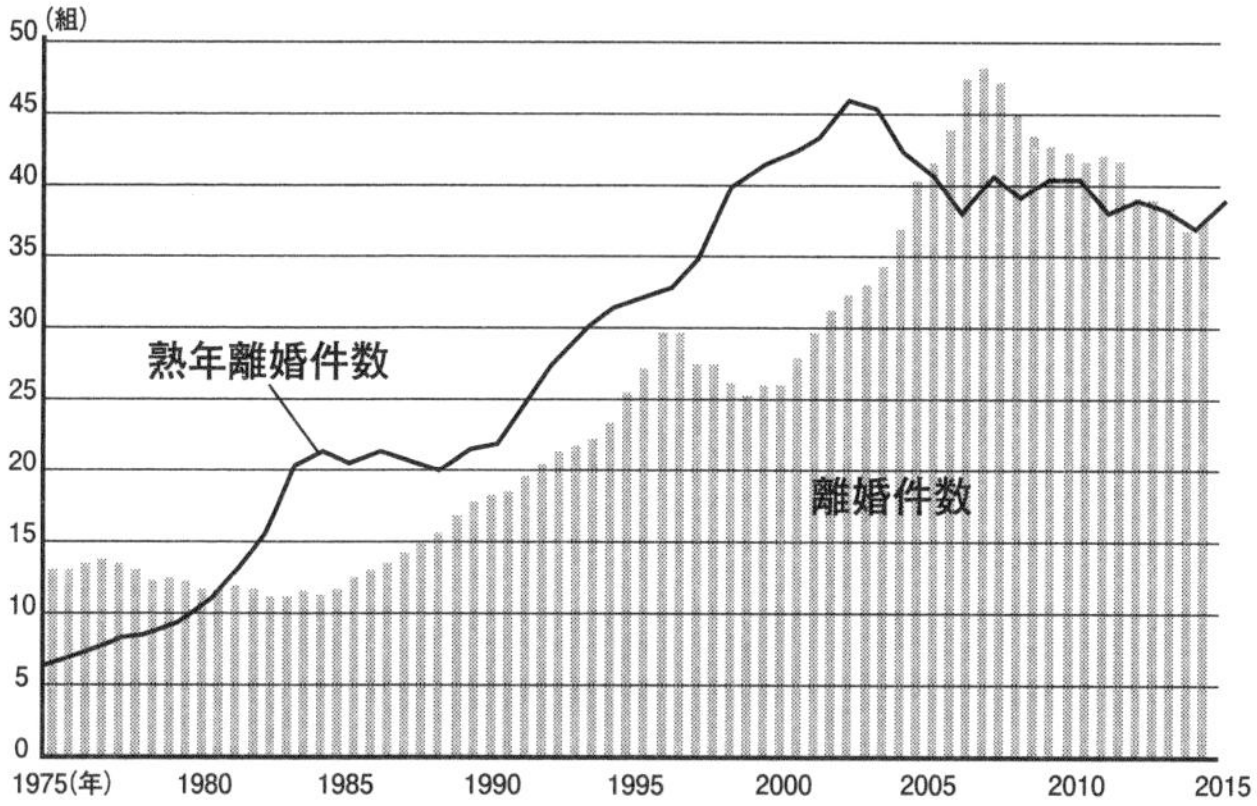

※熟年とは 20 年以上の同居者です
※離婚件数の単位は万組、熟年離婚の件数単位は千組です
(2016 年・厚生労働省人口動態調査より)

に生きるということでは逃げも隠れもしていないのでしょうが、大人だからこそ、感情のバランスをとってください。

熟年以上の年齢層の夫婦では、横柄《おうへい》な夫に、我慢に我慢を重ね、ひたすら耐えてきた妻が、夫の定年退職などを機に一気に爆発する傾向がありま す。いわゆる「**熟年離婚**」です。

改正年金分割法の施行などもあり、熟年離婚は増えていますが、実際に離婚したあとのことをあまり考えていないケースも多く心配なところです。

いずれの年齢層、結婚年数でも、従来よくあげられた浮気、夫の暴力、不労、借金というような定番的な離婚原因では片付けられなくなっているというのが現実といえるでしょう。

ADVICE
現代は離婚の原因も多様化しているが、離婚は選択の結果が自分もまわりも「離婚してよかった」と思えることが大切。

離婚後の人生を幸せなものにするために

つらいことがあるのは当然。幸せな日々をつかむのは自分の心がけ次第

「幸せの設計図」を描こう！

自分が希望して別れる場合、離婚すること自体は幸せな結果ということになります。ただ、そこで問題なのは、その先の人生です。離婚後に不幸になってしまうのだったら、いくら結婚を解消して目の前の嫌なことをなくしたとはいっても、まるで燃え尽き症候群のように、疲労感だけが残ってしまいます。離婚をしたことで、生活費に追われ、きりきり舞いで親に頼ることもできず、再婚相手を見つける余裕すらないなんて、どう考えても苦労するために離婚したようなものです。

ですから、**離婚前から生活設計を立て、もらえるものはもらう、分けられるものは分ける。そして、どういう生活をするかという設計図を描いてください。**相談者の中には「そんなこと言っても、思うようになるはずがない」などと弱気なことを言う人もいます。

たしかに、思うようになることばかりではありません。でも、**自分の思いをしっかり心に描いて**

おかないと、離婚という大事業に臨むために必要なエネルギーの充電にも起爆剤にもなりません。そして、決してへこたれずにやり遂げようとする意思が大切なのです。

私の場合をお話ししましょう。私は、別れた夫がライバルでした。そう思うことで、頑張ってきました。ライバルを持つというのは、私のような負けず嫌いの人間にはおすすめです。私は、別れた夫よりも幸せになることを目標にしました。前夫はすぐに再婚し、金銭的にも恵まれました。そうなると、私には対抗心から俄然《がぜん》エネルギーがわいてきました。でも、その頃の私はただひたすらがむしゃらで、いきり立っているばかりで、幸せにはなれませんでした。そのうち、自分なりの幸せの法則を得て、ようやく幸せになってきたのです。その頃から、仕事にも自分の本当の目標が見え、離婚に悩む多くの人から「救われました」「元気になりました」と言っていただけるようになれました。

人生後半にさしかかりましたが、仕事もプライベートも充実していると満足している今は、ライバルだと思っていた前夫よりも幸せである自信がありますし、離婚をバネとした成功例になれたような気がしています。

離婚して幸せになるかならないかは自分次第。そして、その先の人生を幸せにするもしないも、自分次第なのです。

ADVICE

『離婚して幸せになるんだ‼』と自分に言い聞かせることがエネルギーを生む。

離婚後の生活基盤を決めておこう！

公的援助への過度の期待は逆に生活を困窮に追い込む

できるだけ人に頼らず、自力で生活する覚悟を

離婚後の生活を想定するにあたり、生活費に深刻な問題が起こりうるのは、専業主婦やパート収入程度の収入しか持っていない女性です。とりわけ、専業主婦の人が、あらためて仕事に就《つ》こうとすると、年齢や資格などにもよりますが、そう容易なことではないという覚悟が必要です。

いざとなったら生活保護を、等と考えている人もいるかもしれませんが、**生活保護を受給するのはそれほど容易ではありませんし、公的援助などは法改正によって変わることも考えられますから、できれば人任《まか》せよりも、なんとか自分で解決したいところです。**

生活費に自信がない人は、「**扶養《ふよう》的財産分与**」というかたちで夫から離婚後もしばしの期間生活費もらう話し合いもできます。ただし、通常は「**清算的財産分与**」で住まいを確保したり、生活していくのが一般的です。そして、ほとんどの場合、**一時的な慰謝料に過度な期待をするのは無理な**

ので、もらった慰謝料で生きていこうなどとは考えないほうがいいでしょう。

生活設計はできるだけ、具体的に緻密《ちみつ》に

夫婦どちらでも、親元に戻れるような場合には不安は少ないでしょうが、そうでなければ住居を決めなくてはなりません。離婚を機に住まいを探す場合は、かなり真剣に考えなくてはならないことです。

生活費とも密接に関わる問題ですが、自分で得る収入の中から、家賃などを捻出することができるかどうか。できない場合は、どんな対処をしなくてはならないのか。実家に帰る？　家賃が低いところを探す？　住み込みで働けるところを探す？など、かなり具体的に考えなくては、生活が破《は》綻《たん》してしまいます。

まして子どもを引き取る場合、収入が多いほうからの養育費などの援助や、公的援助も含めた試算を緻密に行ないましょう。ただし慰謝料と同様、公的援助はあくまでも一時しのぎ。あまり当てにしすぎると、あとから困窮することになりかねません。

脅《おど》かすようなことばかりになりましたが、**離婚はそれ自体、精神的にもかなり負担です。そんなつらい状況の自分に、どこまで実生活をこなしていけるか、厳しい目で見つめる必要があるのです。**

ADVICE
離婚して他人になったからこそ、パートナーとその実家に連絡や相談できる関係を作っておく。

迷うときは別居を！メリットもある

夫婦の間の冷却期間としてとても有効。即離婚は失敗のもとに

別居の期間は目的によって異なる

離婚を考えている人が別居をする場合、その目的は大きく分けると2つあります。

(1) 離婚に向けての別居　この場合、長期にわたることがほとんどで、離婚の条件などを話し合う期間にあてることも多いものです。

(2) 改心させるためのショック療法が目的で冷静期間を置くための別居　多いケースでは、浮気をした配偶者に反省を促《うなが》すために、短期間、家を出るといった別居です。

従ってこれは、浮気などの明白な原因を取り除き、夫婦関係を修復するためのものともいえます。そのまま破綻に至らない限り、別居は必ずしも離婚の前段階ではありません。離婚に至らしめるための別居もあるでしょうが、そればかりではないことも認識しておきましょう。

ですから、別居には、**修復できる可能性があるということと、毎日顔を合わせない分、スムーズ**

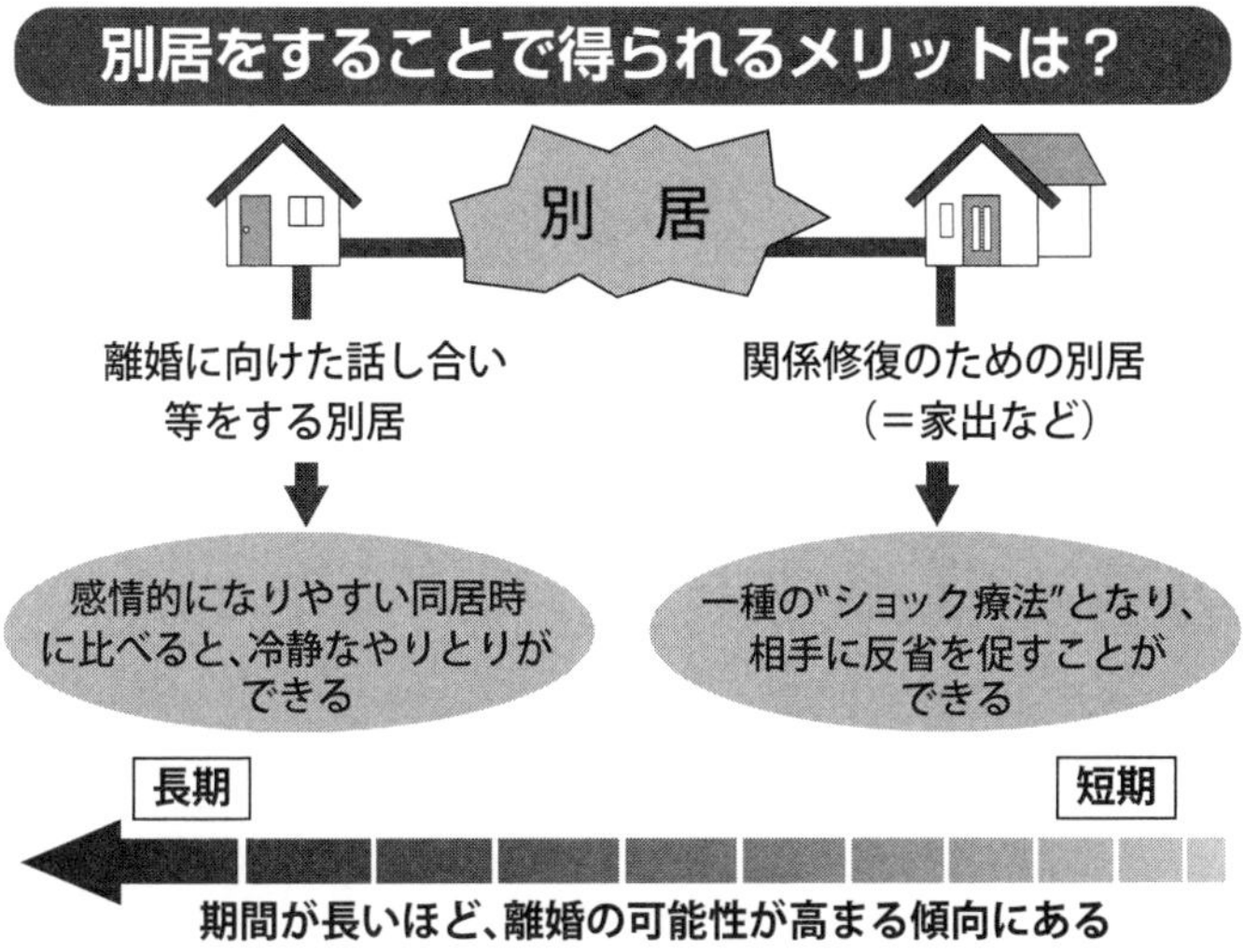
別居をすることで得られるメリットは？
別　居
離婚に向けた話し合い
等をする別居
関係修復のための別居
（＝家出など）
感情的になりやすい同居時に比べると、冷静なやりとりができる
一種の"ショック療法"となり、相手に反省を促すことができる
長期
短期
期間が長いほど、離婚の可能性が高まる傾向にある

な離婚の話し合いができるというメリットがあるということです。

【別居期間と目的】

● **長期の別居**　圧倒的に離婚に向かう可能性が高くなります。

一緒に住んでいても話にならないとか、余計に関係が悪くなる場合は、別居をしてきちんと離婚を考えることが大切です。

期間が長くなるほど、離婚の可能性は高くなります。話し合って別居を始めるにしろ、一方的に家を出るにしろ、その理由をはっきりさせ、「夫婦としてやっていかれない」という趣旨に基づき、「だから別居する」ということが相互に理解できていないと、無駄な別居になりかねません。

● **中期（1～2ヵ月）の別居**　多くは、夫婦関係の修復、再生が目的となります。

面と向かって話し合うよりも、問題を感じている一方が、置き手紙などを残して、家を出るのが有効。内容的には、「冷却期間をおきたい」「修復したい」「昔の2人に戻りたい」ためという気持ちを伝えましょう。相手が、手紙を読んで憤《いきどお》るような内容を書かないようにします。冷静で丁寧な内容が必要になります。

●**短期の別居**　極端にいえば、数日の家出と考えてもよく、なにも残さず、黙って出て行くぐらいで十分です。

心配をかけることができれば、相手は思い当たることを反省するでしょう。

ただし、相手が別れたいと思っているときに家を出てしまうと、短期の別居で反省を促すつもりが、相手にとって幸運な状態を作ってしまうので、自分が相手に感じている問題点について、相手がどういうつもりでいるのかを見極めなくてはいけません。

別居をしても焦《あせ》らないことが大切

離婚を踏まえて別居をする場合、一ぺんに事を運ぼうと思わないことが大切です。早いほうがよいといっても限界があります。別居しても、短気を起こして、幸せになれない離婚をしないように気をつけなくてはなりません。別居をすると、とにかく、その状態が中途半端と思ってしまい、思いもよらない離婚の落とし穴にはまってしまうこともあります。

別居をするときに注意すること

離婚に向けての別居なのか、関係修復のための別居なのか
目的をハッキリさせる

相手にも**自分の目的が伝わる**ようにして家を出る

離婚に向けて別居をしたからといって、
一気に話を進めようとしない

離婚後の生活設計はもちろん、
別居期間中の生活費も考えて行動する

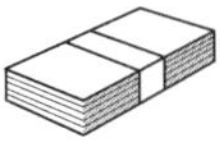

例えば、お金に関する取り決めが不充分なまま離婚してしまうと、別れるという目標だけは成就できても、生活できません。

そういう意味では、別居期間もお互いの扶養義務はなくなりませんので、婚姻費用（126ページ参照）の分担を受ければ冷静に対処できます。そのような安心感を持って話し合いを進めれば、思いのほか短期間で離婚が成立し、早期に次の人生を考えることができます。

別居は、その形態や目的を見誤らなければ、関係が悪化した夫婦、問題を抱えた夫婦にとって、なんらかのプラス方向の解決策が見出せる可能性が高い方法なのです。

ADVICE

次の相手が見つかっていたり、出産年齢を気にする人以外は、別居しても生活費がもらえているなら離婚を焦らない。

離婚の条件を決めるための基本

自分の希望をまとめ、優先順位をつける

交渉はクールに取りこぼしのないように

「離婚の条件」という言葉を聞くと、なにか計算高いような印象があります。でも、人生の一大決心である離婚、その後の人生を左右する離婚交渉には、キレイゴトは無用です。恨みを持たないで過ごせるようにするのも大事な要件です。

離婚の条件には、お金のことだけではなく、子どものことなども含まれます。ですから、正面から向き合って、きちんと話し合わなくてはならないのです。まずは、自分の中で整理することから始めます。

考え始めるにあたっては、どのような条件が含まれるのかを理解しておくことです。

お金のこと、子どものこと、生活のこと……といった具合に内容は個人個人で違ってきますが、離婚時、あるいは離婚後何ヵ月以内に、という必要な期限に迫られるものもありますので、取りこ

ぼしがないように、条件の一環として考えることをまとめましょう。

ひと通り、決めなくてはならない条件が出揃ったら、次に自分の中で優先順位を決めていきます。優先順位はとても大切です。相手の出方に翻弄《ほんろう》されて、大切に思っていたことが後回しになったり、条件が悪くなってしまうケースもあります。

あらかじめ覚悟しなくてはならないのは、相手との優先順位の相違です。相違点があればあるほど時間がかかってきます。相手の優先順位も予測して、考えを進めたほうが無難だといえるでしょう。

相手がどういう条件を出しそうなのか、ある程度予測ができるでしょうから、どう考えても無理な条件を自分が言い張るのは、不利な結果になる可能性が高いのです。不利というのは、自分の条件が通りにくいということだけでなく、やたらと時間がかかってしまうということも含まれます。

相手を敵対視せず、まずは2人で話し合いを

離婚の条件というのは、結婚のロマンチックさに比べると、驚くほどクールで、気持ちだけでは進められないということがわかります。

もちろん、お互いが、どんな条件でもいい、とにかく別れたいというのであれば話は別です。でも、私はそんなケースに出くわしたことはありません。

条件を決めたら、次にやってくるのが具体的な話し合いです。そこで、モノを言うのが交渉力です。自信がないから専門家に依頼しようと思っても、離婚の場合、決まったパターンがありすぎて、判例として結果が見えてしまうだけに、弁護士の力によって大きく条件が変わるとは限らないのです。

傾向として、あまり長い時間をかけて交渉をしたがらない弁護士も多く、とにかく早めに切り上げることを優先するように見受けられます（詳しいことは次の項目で、お話ししましょう）。

そういう意味では、**DVなどで会うこと自体が危険だというような相手でない限り、自分で交渉することをおすすめします。その場合のコツは、相手は敵ではないという認識です。**もちろん、離婚したい相手ですから、どうしても敵対視してしまうのは人情でしょう。でも、そこはグッと我慢。自分にとって、良い条件を叶《かな》えるためには相手の敵になってしまってはいけません。

離婚に関しても、**かっての仲間、同士という感覚を忘れず、人間として否定するつもりなどないことを前面に出します。**ただ「今は夫婦としては考えられない、やっていかれない」ということを伝えるのがポイントです。そういうスタンスでないと、話し合うという穏和《おんわ》な状態を保つことがどうしてもできないのです。喧嘩になってしまっては、できるはずの交渉もできなくなりますので、ここは要注意です。

また、知人に間に入ってもらうこともひとつの方法です。夫婦の共通の知人であることが大前提

“離婚の条件”をしっかりと整理しておく！

要件や条件を自分の中で整理

お金のこと、子どものことなど

↓

優先順位を確認

「譲れること」と、「譲れないこと」
などを明確にしておく

↓

話し合いへ！

必要な場合は知人や弁護士に間に入ってもらう

ですが、相手も認めている人を選ぶというのも大切なことです。いくら共通の知人で、自分は信頼を寄せている人でも、相手が信用していない人では、自分だけに都合のいい人選をしてきたと思われてしまい、譲り合えなくなってしまいます。

どんな場合であっても、相手を頑なにさせてしまったら、交渉はできないと思ってください。

なお、**条件には、必ず幅を持たせることも忘れずに。お金のことに限らず、自分にとっての上限と下限を決めておき、その幅の中で交渉するというつもりで臨みましょう。**

幅を決めておかないと、最終的な条件が決まりにくいのです。

ADVICE
共通の知人で相手が認めている人に間に入ってもらうのも、話をスムーズに進めるコツ。

頼れる相談相手と出会うには？

経験豊富で、心配りのできる相談者を選ぶ

まずはカウンセラーに相談を

離婚を考えるとなると、誰もがすぐに「弁護士のところに行かなくちゃ！」と思い立つようですが、前の項でもお話ししたように、いきなり弁護士の元に飛んで行っても、忙しい弁護士がどの程度まで詳しく聞いて対応してくれるかわかりません。だからといって、忙しくもない腕の立たない弁護士に任せるのは心配でしょうから、まずは自分の情報を持って話の整理のできる夫婦問題カウンセラーのところに相談に行くのが適切だと思います。

カウンセラーは、法的なアドバイスはしませんが、弁護士の選び方や手続きの進め方、夫婦関係の修復の仕方を教えることができます。各自の細かい事情も守秘義務を守って、親身に聞く態勢ができていますから、相談者は自分の味方を得たと安心できるのです。

ただし、カウンセラーといってもピンからキリまでいますので、その人がどんな人柄なのか、ど

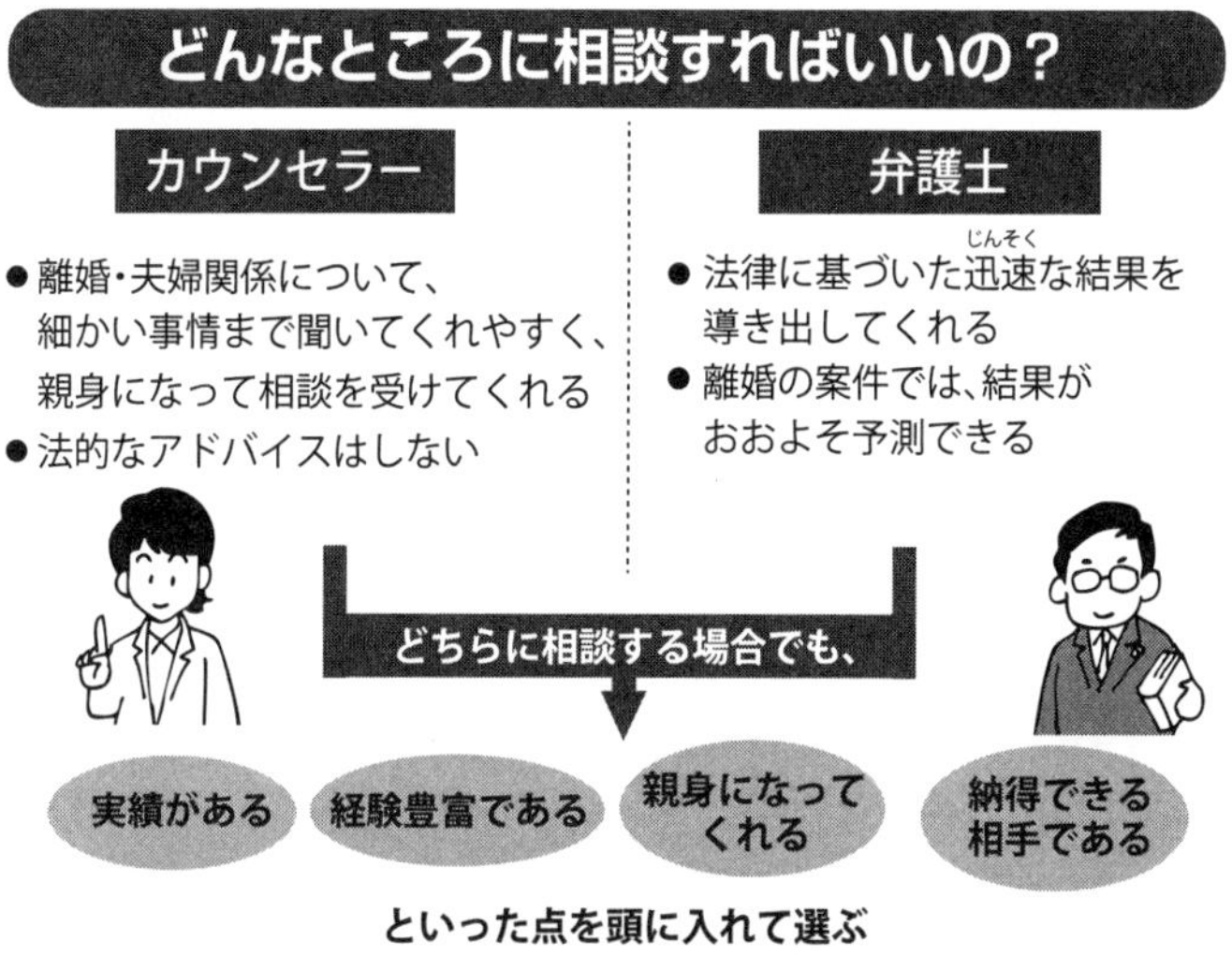

の程度カウンセラーとしての経験があるのかは、必ずチェックしてください。

直感や第一印象も大切にしましょう。単に有名だとか、テレビに出ているということだけに頼るのも危険で、会ってみて親身な感じがしないとか、冷たい感じがする、ただ話を聞いているだけなど、どこか納得のいかない部分があったら、自分にとっていいカウンセラーではないと思ったほうがいいでしょう。

カウンセラー、弁護士を選ぶ場合、共通して目安になるのは、熟練していること、実績があること、経験が豊富なことです。そしてなにより、心配りのできる人であることです。

そういった専門家は、先の先のその先の手まで読めるので、相手との条件交渉なども円滑に、そして有利に進めることができます。離婚をするべきなのか、やめたほうがいいのかから見極めることができるのです。

法的な相談には無料の「法テラス」が便利

本人の実績がよくわからなくても、評判のいい先生の元で働いていたとか、熱心な先輩カウンセラーに育てられた後輩などは、期待に応えてくれるでしょう。

また、弁護士でいえば、先にお話ししましたように、離婚のような案件は結果が限られているため、早めに切り上げようとされがちで、依頼者としてはそのプロセスに満足できるかどうかわかりません。それは、その弁護士の人柄がよくないとか、能力が低いということではありません。有能であればあるほど、離婚という案件の先が見えてしまっているだけなのです。ですから、適切な弁護士だと紹介されるような人を選び、離婚のプロセスを大切に、一緒に進めてもらえるようにしたいものです。

離婚は、結果も大切ですが、プロセスに満足できればあとから幸せを感じることができる場合も多いのです。そういう意味では、プロセスの段階で第三者が入ることには価値があることだと思います。

冷静な状況判断、抜け落ちのないように内容のチェック、相手との話への対応の仕方など、自分だけではできなかった進め方ができるでしょう。

法テラス（日本司法支援センター）の業務

情報提供業務
法制度や法律相談窓口等に関する情報の提供

民事法律扶助業務
→

- **法律相談援助**（無料）：弁護士・司法書士による無料法律相談
- **代理援助**（費用立替）：民事・家事及び行政事件に関する手続又はそれに先立つ示談交渉等における弁護士・司法書士費用（着手金・実費等）の立替え
- **書類作成援助**（費用立替）：裁判所提出書類の作成等における司法書士・弁護士費用（報酬・実費等）の立替え

司法過疎対策業務
身近に法律家がいない地域の解消への取り組み

犯罪被害者支援業務
刑事手続きの関与や被害・損害軽減への情報提供

国際弁護関連業務
刑事事件に関する国選弁護人の手続き等

法的に気になることが多い場合には、**「法テラス」**へ相談に行くのもいいと思います。法テラスとは、正式名称を**「日本司法支援センター」**といい、司法をもっと身近にするという目的で設立された独立行政法人です。以前は法律扶助協会がこの業務を行なっていました。

法テラスは、直接、無料で法律相談を受ける組織であるだけでなく、自治体や弁護士会などと連携して、情報提供や民事法律扶助（資金が足りない人に書類作成費用を立て替えてくれたり、適切な弁護士や司法書士を紹介する）をも行なう組織です。法テラスから、紹介された専門家によって、第3者の入った冷静な離婚を進めることができたという声も徐々に上がってきています。

ADVICE

弁護士は親身、経験豊富をポイントにピンとくる人に出会うまであきらめずに探す。

第2章

上手に離婚するための手続き・進め方

離婚の意思と条件の伝え方

離婚の意思と条件は2段構えで上手に伝える

ただの〝夫婦喧嘩〟にしないためにもしっかりとした理由や根拠を持つ

離婚の意思を固めたところで、相手に伝えないうちは、離婚は一歩も進展しません。

結婚を決めるときも同じですが、自分が決めると相手も納得して話が進む気がしてしまいます。

でも**現実には相手にとって「寝耳に水」ということも多いので、はっきり意思を伝えることが重要です。**念のために申しますが、曖昧な気持ちや、伝える覚悟が持てないうちに口に出すのはNG。相手に余計な詮索《せんさく》をされ、誤解を招くことで不利な状況になることもあるので、勇《いさ》み足にならないように気をつけてください。

では、そのときの気分や、気まぐれでないとしたら、どうやって切り出すのがいいのでしょう。

まずは、離婚の意思だけを伝えます。条件などについては、次の段階です。必ず2段構えで上手に伝えていきましょう。

意思を伝えるときには、いくら話しても話しきれないほどの理由や、恨《うら》み辛《つら》みがあるからといって、ただ不満をぶつけるだけでは、ただの夫婦喧嘩になってしまいます。ストレートに伝えれば伝えるほど逆効果になることもあるのです。

根本的な気持ち＝離婚したいということが伝わらなければ話になりませんが、長々とグチや不満を言うのではなく、すっきり端的に伝えます。

相手が納得できない場合、「なぜ?」「どうして?」という質問が返ってきますので、自分なりの返答は考えておきましょう。**決して感情的になることなく論理的な伝え方が必要であり、〝大義名分〟となる理由や根拠をしっかり持った上で離婚の意思を伝えることが大切だということです。**

次に条件については、優先順位（お金・子ども・自分の気持ちなど）をしっかり決めて、要求がそのまま通らないことも想定して、条件に幅を持たせて伝えるのが肝心です。

いずれにしても、**口ではなく手紙やメールといった文章で伝えること。第三者が見てこの離婚の理由や意思がわかるように書き方に気を配れば、もしも裁判になったときでも、有利に運べる材料として大切な証拠になるからです。**

ADVICE
離婚の意思は、あとから聞いていないと言われないためにも手紙やメールで文章に残す。

協議離婚の手順とポイント

夫婦と2人の証人の署名・押印があれば離婚できる

協議離婚では離婚の理由は問われない

当事者同士の話し合いをもって成立するのが「**協議離婚**」です。現代の離婚件数の約9割が協議離婚による解決法をとっています。

離婚の話し合いとは、離婚の意思の伝達がスタート地点です。たいていはその時点で、離婚するのかしないのかを話し合います。

ときには言い争い、喧嘩になるなど、手間取る可能性もあります。2人だけで話し合わず、両親や身内に入ってもらうこともあります。そして離婚そのものに合意ができたら、条件を話し合ってまとめます。この状態を協議が成立したといいます。

その後、離婚届を夫婦ともに記入。署名・押印したものに、成人2名が証人として署名・押印することになっています。成人なら誰でもよいのですが、通常、夫または妻の両親、離婚の協議に関

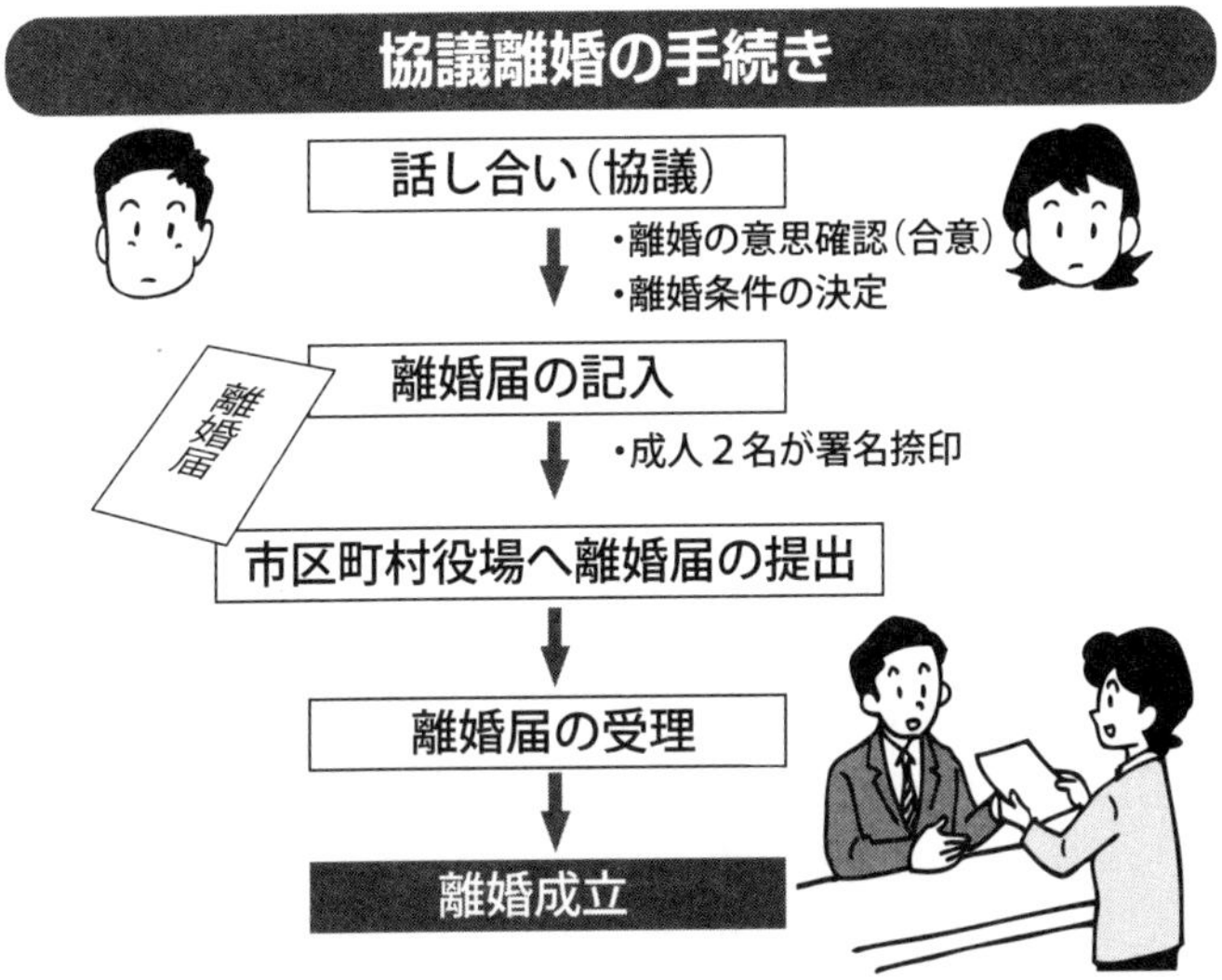

与した友人や、双方の弁護士などが証人になります。**協議離婚の場合には、合意がすべてなので、離婚の法的な成立に際し、離婚の理由は誰からも問われることはありません。**

その離婚届を本籍または住民登録のある市区町村役場に提出し、受理された時点で離婚が成立です。協議離婚は、時間や費用が最も節約できる離婚方法で、離婚総数の約9割が協議離婚です。残りの1割は調停離婚と裁判離婚で、約9対1の比率となっています。

合意条件は必ず文章で残すこと

協議離婚の場合、財産分与・慰謝料や養育費など、離婚時に決めておいたほうがよいことを決めないままで、離婚してしまいがちな面があります。

別れたいという気持ちが先立って合意を急いで

しまうのでしょうが、離婚後の後悔やトラブルを招かないよう、取り決め事項をしっかり文章にして交わすようにしてください。

協議離婚を進めていくと、婚姻生活の中で起きたさまざまな問題を振り返って検討し、問題の一つひとつを話し合って解決していくことから、修復につながることもあります。

また、協議離婚は当事者の気持ちだけで決まるものですから、暴力や浮気などの法的にも認められる離婚原因が相手にある場合などはすぐに離婚が成立しそうなものですが、相手が応じない限り離婚することはできません。

法律で定められた「婚姻を継続しがたい重大な事由」に該当する場合でも、協議離婚がすぐにできるとは限らないのです。

相手の浮気や暴力など確実に責任の所在が明らかな場合は、相手も認めて離婚に合意したとしても、離婚後に起こりうるトラブルを回避《かいひ》するために、あえて調停を申立てしっかりと書面の形（調停調書）として残すことがポイントです。

相手の性格や、自分の今の状況をよく分析し、感情に走らず、あとでもめないように最終的に専門家のアドバイスを受けてもよいでしょう。

合意済みであっても「周到さ」を忘れない

離婚のうち約90%が協議離婚

↓

負担も大きくなく離婚の方法としては最も身近なもの

メリット

夫婦間の合意さえあれば
離婚の理由は問われない

注意点

簡単に手続きが進められるため、離婚後のトラブルも招きやすい

↓

「別れたい！」を優先させず、
離婚条件をしっかりと確認する

財産分与

養育費

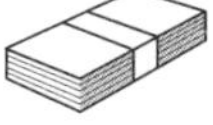

慰謝料

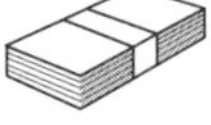

親　権

夫婦間に離婚への合意があっても、書簡に残すために協議離婚以外の手段（調停等）をとる選択肢もある

ADVICE

協議離婚の決めごとは不足やもれがないように、法律家や経験者に確認してもらうとよい。

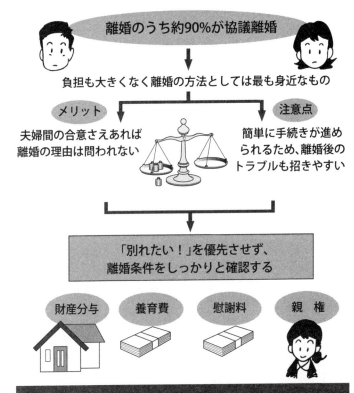

協議離婚の上手な進め方

夫婦の会話という意識を捨てて、交渉に臨むつもりで話し合う

話し合いの過程で自分自身を見つめ直してみる

協議離婚を上手に進めるといっても、もともと合わないところや相容《あいい》れない部分があるのは当然で、仲良く円滑に進めましょう、と思ってもそうはいかないかもしれません。

離婚すること自体に合意をした夫婦であれば、多少不満は残っても「最後の共同作業」として、歩みよりながらも割り切ってすっきりと進めてください。

ただ、基本的に相手の考えていることは自分とは違うということを頭に入れて、相手も自分と同じ考えのはずという一種の甘えは禁物です。離婚の合意以外は相手はまったく逆の考え方だ（お金を払ってほしい払いたくない、など）ぐらいの覚悟はしておきましょう。

そのためにも、**自分と相手の性格や今現在起こっている状況や背景をよく理解しておくことが大切です。こういうときになにを言えば納得してくれるのか、どういう考え方をしてどう反論してく**

どんな気持ちで話し合いに入ればいい？

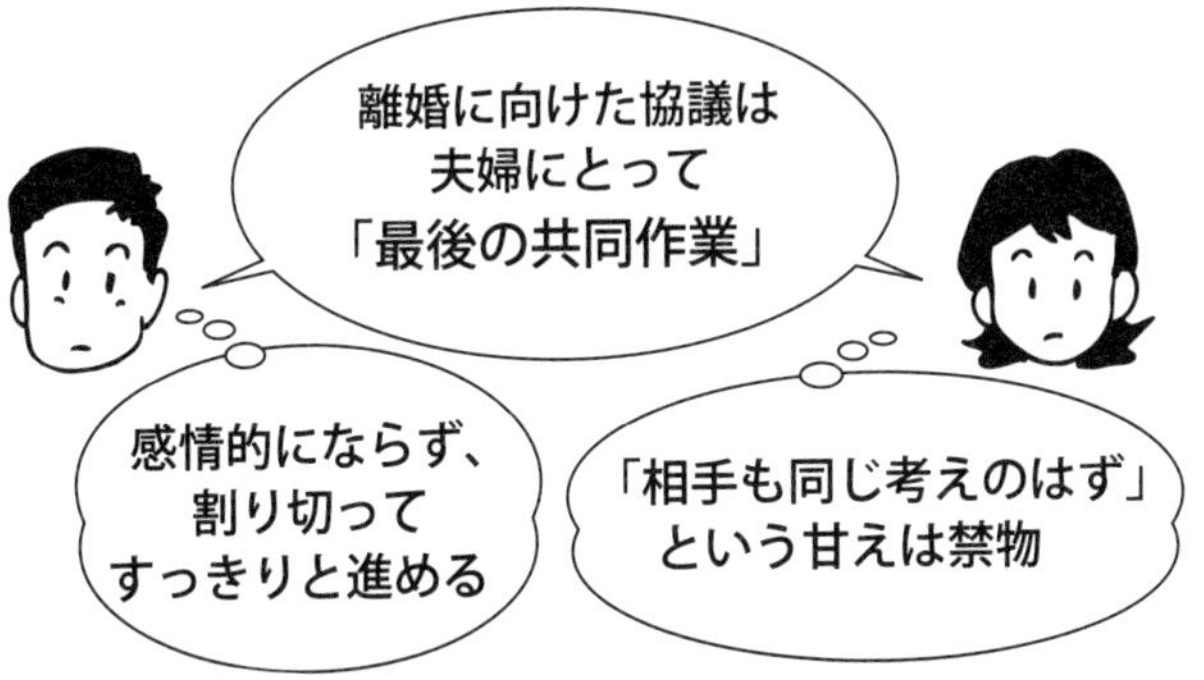
離婚に向けた協議は
夫婦にとって
「最後の共同作業」
感情的にならず、
割り切って
すっきりと進める
「相手も同じ考えのはず」
という甘えは禁物

性格やこれまでの人生を振り返って、自分を理解し直す
そのうえで相手のことも見つめ直してみる

こうした作業をすることは、協議に向けてとても大切です

るのか、それによってどういう条件や対処を考えるのか。それらを考えもしないまま話し合いを進めてもうまくいきません。

この機会に改めて生まれてからその時点までの人生を見直すこと、今の人間関係や環境を見直すこと、仕事など人生を過ごす上で欠くことができないものを見直すことです。

自分がどういう背景を抱え、どういうアイデンティティを持って生きているのか、そして、この先のことをどう考えているのかも考えてみましょう。

相手の性格に合わせた綿密な計画を立てる

それまで思ってもいないことに気がついて、離婚を思いとどまる人もいるかもしれません。そんな展開もあり得るほどの作業ですから、協議離婚を進める上でも、その人の〝背景〟が重要になることは間違いありません。

自分のことを理解したら、相手のことも理解する作業をします。そして、それぞれの性格や背景に合わせた計画を立ててみましょう。できるだけ綿密な計画を立てるのがコツです。

その計画により、いつ、どんな状況で離婚を切り出すか、切り口はどのようなものがいいか、全体のイメージを壊さないように話す準備を進めます。

冷静に立てられた離婚計画であればあるほど、きっとその計画はうまく運ぶはずです。

交渉が長引いてもめげずに話し合いを続ける

言い出す本人は慎重に予定を立てても、相手があるのですんなり進むとは限りません。ですから、「いつ」の部分には必ず予備日を設定します。

スケジュール通りに運ばないこともありますので、たとえ計画がずれてもがっかりしないでスケジュールを再調整しましょう。

相手への話の持っていき方は、いろいろな展開を考えておく必要があります。相手にもよりますが、最初は感情を抑えてあえて優《やさ》しく、ときには非情に、言葉強く出てみたり……など、こちらの言い分を通すために工夫を凝らしましょう。

どちらにとっても、非日常的な話し合いですから、恋愛時代のやりとりや円満に家族の計画を話

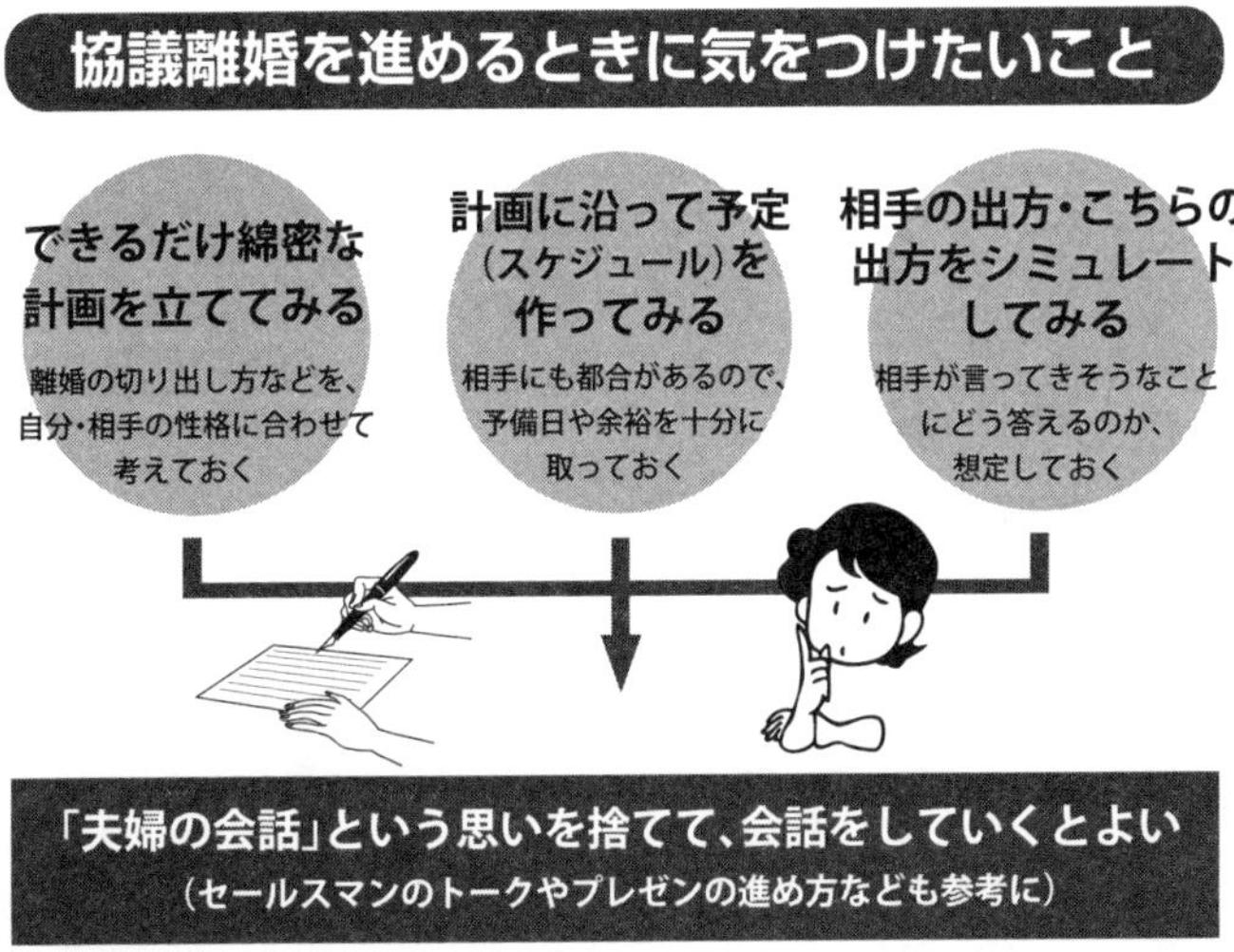
協議離婚を進めるときに気をつけたいこと
できるだけ綿密な計画を立ててみる
離婚の切り出し方などを、自分・相手の性格に合わせて考えておく
計画に沿って予定（スケジュール）を作ってみる
相手にも都合があるので、予備日や余裕を十分に取っておく
相手の出方・こちらの出方をシミュレートしてみる
相手が言ってきそうなことにどう答えるのか、想定しておく
「夫婦の会話」という思いを捨てて、会話をしていくとよい
（セールスマンのトークやプレゼンの進め方なども参考に）

し合っていたときと同じような気持ちでは失敗につながりかねません。

離婚の申し出、そして協議によって離婚の詳細を決める作業は、相手が離婚したくないと言ってきても想定内としてめげずに続けてください。

買いたいと思ってもいない人に、高価なものを売るセールスマンのように、あの手この手を尽くして離婚話を進める努力ぐらいできるはずです。

さらに性格や背景を知った上で交渉に臨めば、離婚をめぐる協議もうまく進む可能性がグッと高くなるでしょう。

ADVICE

離婚することでの相手のメリットを強調し、自分の利益は前面に出さない。

協議離婚に際して決めておくべきことは

離婚条件の協議はもちろん、必要なことは届出の前に決めておく

合意書は必ず作成する

協議離婚に際し決めておくべきことには、**養育費、財産分与、慰謝料、親権者・監護者、面会交流、婚姻費用**などがあります。これらは、離婚の成立そのものとは関係ありませんが、重要なことなので手続きの中のひとつだと考えておいたほうがいいでしょう。

とりわけ養育費、財産分与、慰謝料については、誰が誰に、いくら、いつ、どのようにして支払うのかを決める必要があります。養育費は、子どもが受ける権利であることも認識しておきましょう。決して、離婚した相手に払うものではなく、親としての子どもに対する当然の義務だということを忘れてはなりません。

［離婚に関する合意書（離婚協議書）に入れる事項］

離婚に際して決める事項には以下のようなものがあります。

- 協議離婚すること
- 財産分与
- 慰謝料
- 養育費
- 未成年の子どもの親権者・監護者の決定
- 面会交流権
- 戸籍筆頭者でない者の離婚後の氏の変更・不変更（相手の同意は不要）
- 離婚届提出日
- 年金分割

どちらが提出するかも決めておいてください。離婚届が受理されたあとで、そんな約束をした覚えはないというトラブルにならないように合意書は必ず作ることをおすすめします。ただし、約束が守られなかった場合、「離婚に関する合意書」では法的な執行力はありません。お金に関する事項が含まれている場合は「**強制執行認諾約款付き公正証書**《きょうせいしっこうにんだくやっかんつ》」を公証人役場で作成しておくべきです。

合意書に記載されていても無効な要件もあるので注意

合意書に記載されていても無効になるものがある場合があります。お互いが、離婚時に納得していても、違法な合意内容に当たるものについては無効とされます。例をあげておきます。

- 子の養育費請求権の一切の拒否
- 面会交流権のはく奪・放棄
- 親権者変更の申立てをしない
- 子が一定の年齢に達したあとは、親権者を変更する
- 離婚後、婚姻中の姓を使用しない
- 違法な高率の延滞利息

具体的な例では、合意書に「養育費を請求しない代わりに、交換条件として相手には2度と子どもに会わせない」と記載したとします。これは「子の養育費請求権の放棄」と「面会交流権のはく奪」ですが、これらは不適法な合意とされ一般的には効力はないとみなされます。

養育費や面接交渉権は子どもの権利でもあり、親が勝手に放棄したり、はく奪したりすることは違法であり許されないからというのがその理由です。ただし一時金として養育費を受け取り、「これ以上請求はしません」という約束の場合は、義務者同士の義務負担の方法についての取り決めとみなすこともできるので、一概に無効とすることもできない、という判例もあります。

ADVICE
合意書を作る際は法的に有効な書類にする（強制執行認諾約款付き公正証書）。

離婚協議書の書式例（強制執行認諾約款付き公正証書）

離婚給付契約公正証書

本公証人は、当事者の嘱託により、次の法律行為に関する陳述の趣旨を録取し、この証書を作成する。当事者○○○○（以下甲）と当事者△子（以下乙）とは離婚することに合意し、離婚に際し以下のとおり契約を締結した。

第1条　甲と乙は協議離婚することに合意したので離婚届に各自署名押印した。

第2条　甲は乙に対し、離婚による慰謝料として、金○○○万円を平成○年○月○日までに支払うことに合意した。

第3条　甲は乙に対し、離婚による財産分与として、金○○○万円を平成○年○月○日までに支払うことに合意した。

第4条　甲は乙に対し、離婚による財産分与として、その所有に属する不動産を譲渡し、平成○年○月○日までに、乙のために所有権移転登記手続きをする。

第5条　甲と乙の長男○○一郎（以下丙）の親権者を甲と定める。乙は丙の監護者となりこれを養育する。

第6条　甲は乙に対し、丙の養育費として平成○年○月から丙が成年に達する平成○年○月まで、毎月○万円ずつ、毎月末日までに丙名義の口座に振り込む。

第7条　乙が丙の病気により出費したときは、甲は乙の請求によりその費用を直ちに支払う。

第8条　甲、乙は、本契約に定めた以外には相互に何ら請求しないことを合意した。

第9条　甲は本契約に基づく金銭債務を履行しないときは、強制執行に服する旨承諾した。　以上

甲　東京都◇◇区◇◇1丁目2番3号
　　○○○○　　印

乙　東京都◇◇区◇◇1丁目2番3号
　　○○△子

離婚届の書き方

自筆であること、各項目の注意点などに気をつけて記入する

離婚届の記入事項と注意点

離婚届の用紙は、役所に取りに行けばすぐにでも受け取ることができますし、自治体によってはダウンロードできます。特別なことはありませんが、記入の際の注意点を示しておきましょう。

【氏名】 離婚前の氏名を記入します。略字や、通称などを使わず、戸籍に記載されてる氏名を正しく記入します。

【生年月日】 原則として元号を使って記入します。西暦で記入しても、修正を求められる場合があるからです。漢字を使ってきちんと「昭和○年」などと表記します。

【住所】 婚姻時に、住民登録をしている住所を記入します。必ず都道府県名から記入することを忘れずに。マンション名、部屋番号も忘れずに書きましょう。ただし、離婚届を役所へ提出するのと同時に、転入・転居をする場合は、転入後・転居後の新しい住所を記入することになります。

【本籍】 婚姻中の夫婦の本籍を記入します。筆頭者を間違えたりしないように注意します。

【父母の氏名】 離婚当事者の父母の氏名を書きます。すでに他界していても記入します。続柄に関しては、戸籍謄本に記載されている通りに正確な続柄（長男・二男・三男・長女・二女・三女など）を記入します。次男、次女などの表現はありませんので、ご注意を。

【離婚の種類】 協議、調停、審判、和解などの中から、該当するところにチェックを入れます。成立日も必要になりますので、離婚が確定した日付も正確に覚えておきましょう。

【婚姻前の氏に戻る者の本籍】 婚姻時に、籍を動かしたほうの配偶者が除籍されることになります。夫の籍に入籍していた妻が、新しい戸籍を作るか、親元の戸籍に入る（戻る）かを決め、その本籍について書きます。

【未成年の子の氏名】 離婚時に、未成年の子どもがいる場合、必ず夫か妻のどちらかが親権者となります。

【同居の期間】 正確に、かつ正直に同居期間について記します。

【別居する前の住所】 別居中の場合に限り記入します。

【別居する前の世帯のおもな仕事と夫妻の職業】 「その他」職業は選択してチェックを入れ、「その他」には特記すべきことがなければ空欄となります。

【届出人署名押印】 協議離婚の際は夫・妻それぞれ本人が署名して、印鑑を押します。印鑑は認印

記入の注意

鉛筆や消えやすいインキで書かないでください。
筆頭者の氏名欄には、戸籍のはじめに記載されている人の氏名を書いてください。
届書は１通でさしつかえありません。届出先は本籍地か夫婦所在地の市町村役場ですが、本籍地でない役場に出すときは、戸籍謄本または戸籍全部事項証明書も必要ですから、あらかじめ用意してください。

そのほかに必要なもの　調停離婚のとき→調停調書の謄本
審判離婚のとき→審判書の謄本と確定証明書
和解離婚のとき→和解調書の謄本
認諾離婚のとき→認諾調書の謄本
判決離婚のとき→判決書の謄本と確定証明書

証　人　（協議離婚のときだけ必要です）		
署名 押印	札幌　幸雄　印	北海　忠治　印
生年月日	昭和45年　6月　22日	昭和48年　1月　25日
住所	札幌市中央区南３条西11丁目	札幌市北区篠路４条７丁目
	330 番地 番 2号	2 番地 番 40号
本籍	東京都千代田区平河町１丁目	札幌市北区篠路４条７丁目
	4 番地 番	2 番地 番

～以下省略～

でも構いません。調停・審判・裁判などの離婚の場合は、夫、妻のうち一方が署名・押印し、他方の欄は空欄になります。

【証人】 協議離婚の場合のみ、証人が必要となります。証人となれる条件は満20歳以上の成人であることです。離婚する当事者は証人にはなれません。必ず証人に自筆で記入押印してもらいます。

協議離婚以外の届出には、協議離婚とは違い、法で定められた添付書類があります。裁判などによって離婚が有効に成立したことを証明するための**『判決書または審判書謄本』**あるいは**『調停調書謄本』**です。どちらかの謄本を忘れると離婚届が出せませんので、気をつけましょう。

ADVICE

証人2名に記名を依頼する際、消せるボールペンを使用しないでもらう。書き直すことになったらその日に届出を出せないこともある。

離　婚　届

平成 28 年 12 月　　日届出

長 殿

受理 平成 年 月 日 第 号	発送 平成 年 月 日
送付 平成 年 月 日 第 号	長印

書類調査	戸籍記載	記載調査	調査票	附票	住民票	通知

	項目	夫	妻
(1)	(よみかた)	さっぽろ　たろう	さっぽろ　はなこ
	氏名	氏 札幌　名 太郎	氏 札幌　名 花子
	生年月日	平成4年8月25日	平成6年4月24日
	住所 (住民登録をしているところ)	札幌市白石区本郷通3丁目北1番地 1号	札幌市北区篠路4条7丁目2番地 40号
		世帯主の氏名 札幌 太郎	世帯主の氏名 北海 忠治
(2)	本籍 (外国人のときは国籍だけを書いてください)	札幌市白石区本郷通3丁目北1番地	
		筆頭者の氏名 札幌 太郎	
	父母の氏名 父母との続き柄 (他の養父母はその他の欄に書いてください)	夫の父 札幌 幸雄　母 松子　続き柄 長男	妻の父 北海 忠治　母 春子　続き柄 長女
(3)(4)	離婚の種別	☑協議離婚　□調停 年 月 日成立　□審判 年 月 日確定	□和解 年 月 日成立　□請求の認諾 年 月 日認諾　□判決 年 月 日確定
	婚姻前の氏にもどる者の本籍	□夫 ☑妻 は ☑もとの戸籍にもどる □新しい戸籍をつくる	
		札幌市北区篠路4条7丁目2番地	筆頭者の氏名 北海 忠治
(5)	未成年の子の氏名	夫が親権を行う子	妻が親権を行う子
(6)(7)	同居の期間	平成25年12月から (同居を始めたとき)	平成28年10月まで (別居したとき)
(8)	別居する前の住所	札幌市白石区本郷通3丁目北1番地 1号	
(9)	別居する前の世帯のおもな仕事と	□1. 農業だけまたは農業とその他の仕事を持っている世帯 □2. 自由業・商工業・サービス業等を個人で経営している世帯 □3. 企業・個人商店等（官公庁は除く）の常用勤労者世帯で勤め先の従業者数が1人から99人までの世帯（日々または1年未満の契約の雇用者は5） □4. 3にあてはまらない常用勤労者世帯及び会社団体の役員の世帯（日々または1年未満の契約の雇用者は5） ☑5. 1から4にあてはまらないその他の仕事をしている者のいる世帯 □6. 仕事をしている者のいない世帯	
(10)	夫妻の職業	(国勢調査の年… 年…の4月1日から翌年3月31日までに届出をするときだけ書いてください) 夫の職業	妻の職業
	その他		
	届出人署名押印	夫 札幌 太郎 印	妻 札幌 花子 印

婚姻中の氏で署名押印してください。

字訂正 字加入 字削除
届出印

※上記離婚届は子どもがおらず婚姻前の戸籍に戻る場合の例です。

公正証書の意味と作り方

公正証書とは公証人が作成する公文書

合意した内容に強制力を持たせる文書が公正証書

協議離婚をするにあたって、取り決めた事項をしっかりと守ってもらうためには、公正証書「**強制執行認諾約款付き**」を作成することがとても重要になってきます。

強制執行認諾約款付き公正証書は、離婚時に取り決められた慰謝料・財産分与・養育費等が約束通り支払われない場合に、裁判を起こさなくても法的に相手の給料を差し押さえるなどの強制執行ができるというものです。

条項が記載された最後に、「債務者は本契約上の債務を履行しなかったときは、直ちに強制執行を受くべき事を認諾する」というような一条項が明記されます。この一条項が記載されていない公正証書には、強制執行力はありません。

公正証書は、全国にある公証人役場で作成します（全国どこで作成してもＯＫ）。

支払う者・支払いを受ける者の2人が揃《そろ》って、公証人役場に行きます。公証人の前で、離婚の状況や条件、詳しい内容を伝えます。離婚協議書、私製契約書を持参するのが望ましいですが、メモや口頭で説明しても構いません。その他に必要なものは次の通りです。

【公正証書発行に必要な持ち物】

●身分を証明できるもの（運転免許証・パスポート＝官公庁発行で写真の入ったもの）と認印または各人の印鑑証明書と各人の実印

原則的には、当事者が公証人役場に行かなければなりませんが、弁護士などの代理人を立てることも可能です。

【代理人による公正証書発行に必要な持ち物】

●本人からの公正証書の内容となる条項を記載した委任状（代理委任状）

※「執行認諾条項付き公正証書を作成する権限を委任する」と記述し、実印による押印が必要

●当事者本人の印鑑証明書と、次項のaまたはbの証明書と認印が必要

a代理人の印鑑証明書、代理人の実印（本人の実印は必要ありません）

b代理人の身分を証明できるもの（運転免許証・パスポート）

ADVICE

まれに夫婦で合意した条件で公正証書を作成してくれない公証人もいる。その場合は士業に依頼して間に入ってもらうか他の地域の公証人を当たる。

勝手に離婚届を提出されないためには

「不受理申出」で離婚届けの受理を阻止できる

「不受理申出」は本人が申請しないと有効でない

離婚届には、「不受理申出」という手続きがあります。これは、合意がないのに、相手が勝手に離婚届を出してしまう可能性があるときに、役所に離婚届の不受理申出書を提出しておくというものです。

これを出しておけば、相手が勝手に離婚届を出そうとしても、役所では不受理申出書が出されていることを理由に、離婚届を受理しません。

不受理申出書には有効期間がなく、申出た日から申出人が取り下げるまで効力は失われません（以前は6ヵ月間でした）。この不受理申出書はいつでも不受理申出取下書を出すことによって撤回することができます。ただし申出本人からの届け出でないと受理されません。

用紙は役所に備えてあります。必要事項を記入して署名押印し、夫婦の本籍、または夫婦の所在地の役所に提出します。所在地とは、住民登録のある場所だけではなく一時滞在している先も含まれます。本籍地以外で不受理申出書を提出した場合でも、本籍地へ連絡がいくようになっています。**不受理申出書を提出したあと、離婚届を提出する場合は、「不受理申出取下書」を提出してからでないと受理されませんので注意してください。**

また、暴力や強迫《きょうはく》または詐欺によって離婚届に署名押印したものが提出され、離婚が成立してしまった場合には、「**協議離婚取消しの申立て**」を家庭裁判所にします。

この離婚届は偽造ではないので、離婚無効とはならずいったんは離婚が成立したことになります。しかし、本人の意思に反するものだったので、有効に成立した離婚の取消しを求める審判、または訴訟手続きを行なうことができます。

協議離婚取消しの手続きを行なうには期間の制限があります。この意思に反する離婚届の事実を発見したときから、3ヵ月を経過すると取消権は消滅します。この取消権は本人だけにあり、第三者によって取消すことはできません。

ADVICE

条件が決まらないうちに離婚届を勝手に出される場合もあるので不受理申出書は安全と予防のために出しておくとよい。

公正証書の作り方

全国にある公証人役場で作成
どこでもOK

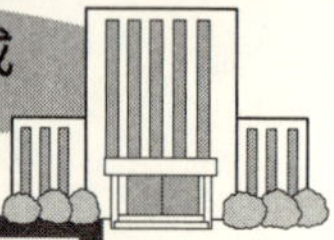

代理人を立てる

代理人に作成を
依頼することも可能

（代理人に手渡すもの）

- ■ 公正証書の内容条項を記載した
  自分たちからの代理委任状
- ■ 自分たち各人の印鑑証明と
  以下のaかbを持参
  a.代理人の印鑑証明と実印
  b.代理人の身分証明ができるものと認印

自分たちで直接依頼する

２人揃って
公証人役場に行く

（必要となるもの）

- ■ 身分証明書（顔写真の入ったもの）と認印
  又は各人の印鑑証明書・実印
- ■ 離婚協議書や作成した契約書
  があればスムーズに進みやすい

公正証書作成に関わる手数料は？

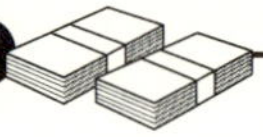

慰謝料・財産分与・養育費など、法律行為に関わる手数料

目的の価額	手数料
100万円以下	5,000円
100万円を超え、200万円以下	7,000円
200万円を超え、500万円以下	11,000円
500万円を超え、1,000万円以下	17,000円
1,000万円を超え、3,000万円以下	23,000円
3,000万円を超え、5,000万円以下	29,000円
5,000万円を超え、1億円以下	43,000円

※参考：日本公証人連合会ホームページ

■ 慰謝料・財産分与と、養育費で、異なる法律行為としてそれぞれ手数料が発生するなど、ケースによって異なる部分も多い。左の表は、あくまで参考であり、公証人役場の窓口でしっかりと確認したい

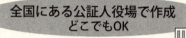

不受理申出書の記入見本

離婚届 不受理申出	受付 平成 年 月 日 発収簿番号 第 号 整理番号 第 号		発送 平成 年 月 日
平成 年 月 日申出	送付 平成 年 月 日 発収簿番号 第 号 整理番号 第 号		長 印
東京都千代田区 長 殿	書類調査	戸籍調査	

不受理申出の対象となる届出		離婚の届出 過去にした離婚の届出の不受理申出 □有 ☑無	
申出人の表示		申出人	夫又は妻（特定されている場合）
	氏名	甲山　花子	甲山　太郎
	生年月日	昭和58年2月14日	昭和54年1月15日
	住所（住民登録をしているところ）	東京都千代田区 霞ヶ関1丁目1番1号	東京都千代田区 霞ヶ関1丁目1番1号
	本籍	東京都千代田区 丸の内1丁目1番地1番 筆頭者の氏名 甲山　太郎	東京都千代田区 丸の内1丁目1番地1番 筆頭者の氏名 甲山　太郎
その他			

上記届出がされた場合であっても，わたしが市区町村役場に出頭して届け出たことを確認することができなかったときは，これを受理しないよう申出をします。

申出人 署名押印	甲山　花子　印

■注意事項

・不受理の申出には、有効期限はありません。

・不受理の申出が不要となった場合は、不受理申出取下書が必要です。

・不受理の申出は原則として申出をする方本人が区役所の窓口へ出向き申出書を提出していただく必要があります。その際、免許証やパスポートなどの官公署発行の写真付き身分証明書で本人確認を行ないます。これらの書類がやむを得ず提示できない場合は、保険証・年金手帳などの書類を複数提示していただきます。

調停離婚の意義

話し合いが決裂したら調停離婚へ

第三者による調停で「省エネ離婚」

当事者同士の離婚協議が不成立となった場合、相手がまったく話し合いの場を持とうとしない場合、あるいは、調停に持ち込んだほうがよいと判断される場合、家庭裁判所へ「**調停離婚**」の申立てをし、調停委員や家事審判官（裁判官）という第三者の介入により離婚を進めることができます。

一般的に、裁判こそが第三者を介した離婚の有効な方法のように思われがちですが、日本では裁判前の「調停前置主義」が採用されていますので、とにもかくにも調停を申立てることが、協議がうまくいかなかった離婚の進むべき道なのです。

裁判は、時間もかかり、お互いの意見のまっ向からの対立によって、消耗する体力・気力も多大で、それを考えれば、お互いの話の中から調停委員が合意点を明確にしてくれ、話し合いを進めてくれる調停は大いに活用してほしい手順でもあります。

調停離婚とは？

離婚協議が不成立

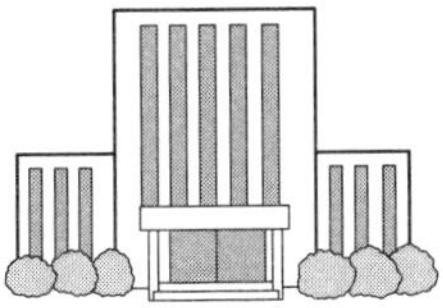

調停に持ち込んだほうが良いと判断

↓

家庭裁判所に「調停離婚」の申立てをする

↓

裁判所で調停期日を決定後、調停が行なわれる

申立てが受理されると、裁判所が第1回目の調停期日を決定します。すると、書記官の名前で、**「調停期日呼出状」**が申立人と相手方のそれぞれに郵送されてきます。調停は、通常男女各ひとりずつの調停委員が、申立人と相手方それぞれの言い分や事情を交互に聞いて問題点を整理したり、今後の調停の方向づけをします。本人同士が顔を合わせたくない場合には配慮してくれます。

送付されてくる調停期日呼出状とは？

調停期日呼出状

○○○○様

平成△△年△月△日
(庁名)　●●●●裁判所
調停委員会
裁判所書記官　□□□□

事件番号　平成△△年(◆)第○○○号
事件名　夫婦関係調整調停事件
当事者名　申立人　○○○○
相手方　○○○○

この事件の調停期日は、次のとおりですから、おいでください。
日時　平成△△年△月△日
場所　当裁判所調停室(当裁判所▲階)

ADVICE

申立てた調停はいつでも取り下げられるので、期日を待つ間に気持ちを整理しておくことが大切。

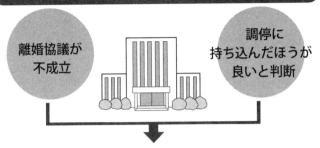

調停離婚の申立て方法と必要書類

申立書は簡潔に、感情的にならずに記載し、家庭裁判所に提出する

調停の申立書はネットでも入手可能

調停の申立書は、全国の家庭裁判所窓口に備えてありますし、ネットでもダウンロードできます。この用紙に、申立ての趣旨、実情など必要な事項を記入して作成します。同居している場合は2人の住所地の家庭裁判所に、別居している場合は、相手の住所地の家庭裁判所に調停申立書を提出します。２人が合意すれば、その他の家庭裁判所に提出しても構いません。

申立てには、夫婦の戸籍謄本1通と、年金分割を希望の場合は「年金分割情報通知書」も同時に提出します。その他に夫婦関係の破綻に至るまでを時系列にまとめた資料ができていれば一緒に添付します。最初から弁護士に依頼する場合は弁護士のアドバイスで進めてください。

◆調停申立書の書き方（87ページ参照）

【申立ての趣旨】

夫婦関係解消の項にある財産分与、慰謝料、親権者、養育費などの金額は、

申立人の希望額を記載します。その金額を基準に調停の場で調整されていくことになります。

【申立ての実情】 離婚を決意するまでに至った事情と経緯を簡潔に記入します。

調停が開かれると、その詳細について説明する機会はたくさんありますので、提出する時点で、事情やいきさつがわかってもらえないのでは、という心配は必要ありません。

あらかじめ、事情を詳しく書きたい場合には、申請書に「別紙の通り」と記載し、別紙を添付することもできます。申立て後でも、「陳述書」という形式で詳しい事情を記載したものを提出して、調停委員に読んでもらうこともできます。

口で説明するより文字として整理して渡すほうがより理解されやすいので、なるべく簡潔に、わかりやすく、感情的にならずにまとめることです。

安価な費用で離婚にかかわる問題を解決できる

事情説明の中で、DVの証拠となるケガなどの診断書や、相手の不貞の証拠写真などがあれば提出することもできます。ただ、こういったものは自分にとって、作戦を成功させるための大事な武器ですから、あまり早期に相手方には見せないように。その場合は、調停委員に相手方にはそれらの存在を伝えないようにお願いしておくことが大切です。

気になるのは、調停申立ての費用だと思いますが、収入印紙代1200円（婚姻費用の分担請求の調停も行なう場合は２枚）、呼び出し通知に関わる費用としての切手代約１０００円以下（各裁判所によって異なります）だけです。なお、調停を申立てる家庭裁判所は次のどちらかです。

- 相手方の住所地の家庭裁判所
- 夫婦が合意して決める家庭裁判所

基本的には相手方の住所地の家庭裁判所ですが、夫婦が合意できれば全国どこの家庭裁判所でも都合のよいところを選ぶことができます。その場合には「管轄合意書」を作り、夫婦で合意した管轄裁判所に提出します。

調停の申立てには、法的な離婚原因は必要ありません。有責配偶者からの調停申立てでも認められます。調停のメリットは、離婚そのものに限らず、親権者・監護者、養育費、財産分与、慰謝料、婚姻費用、面会交流など離婚に関して生じる問題を同時に話し合うことができるところにあります。なお、離婚すべきか気持ちがはっきり決まらなくて迷っている状況でも調停を申立てることができます。家庭裁判所の夫婦関係に関する調停は「夫婦関係調整事件」として扱われ、「**離婚調停**」と「**円満調停**」分類されています。離婚を求めるものだけではなく、円満な夫婦関係を回復するための話し合いをする場として、調停を利用することができます。これを「**円満調停**」と呼んでいます。

ADVICE

調停申立書の記入や調停方法でわからないことは家庭裁判所に問い合わせると教えてくれるので安心できる。

夫婦関係等調整調停申立書

この申立書の写しは，法律の定めるところにより，申立ての内容を知らせるため，相手方に送付されます。

※　申立ての趣旨は，当てはまる番号（１又は２，付随申立てについては(1)～(7)）を○で囲んでください。
□の部分は，該当するものにチェックしてください。
☆　付随申立ての(6)を選択したときは，年金分割のための情報通知書の写しをとり，別紙として添付してください（その写しも相手方に送付されます。）。

申立ての趣旨	
円満調整	関係解消
※ 1　申立人と相手方間の婚姻関係を円満に調整する。 2　申立人と相手方間の内縁関係を円満に調整する。	※ 1　申立人と相手方は離婚する。 2　申立人と相手方は内縁関係を解消する。 （付随申立て） (1)　未成年の子の親権者を次のように定める。 ……………………については父。 ……………………については母。 (2)　（□申立人／□相手方）と未成年の子が面会交流する時期，方法などにつき定める。 (3)　（□申立人／□相手方）は，未成年の子の養育費として，１人当たり毎月（□金……円　／　□相当額）を支払う。 (4)　相手方は，申立人に財産分与として，（□金……円　／　□相当額　）を支払う。 (5)　相手方は，申立人に慰謝料として，（□金……円　／　□相当額　）を支払う。 (6)　申立人と相手方との間の別紙年金分割のための情報通知書（☆）記載の情報に係る年金分割についての請求すべき按分割合を，（□０．５　／　□（……………））と定める。 (7)

調停申込書は２枚からなっていて、これはその２枚目。１枚目には、申立人・相手方の本籍・住所・名前などを記入する欄や印紙を貼るスペースがある

申立ての理由					
同居・別居の時期					
同居を始めた日…昭和／平成……年……月……日			別居をした日…昭和／平成……年……月……日		
申立ての動機					
※当てはまる番号を○で囲み，そのうち最も重要と思うものに◎を付けてください。					
1　性格があわない	2　異性関係		3　暴力をふるう		4　酒を飲みすぎる
5　性的不調和	6　浪費する		7　病気		
8　精神的に虐待する	9　家族をすててかえりみない		10　家族と折合いが悪い		
11　同居に応じない	12　生活費を渡さない		13　その他		

夫婦（2/2）

調停離婚を有利に進めるためのコツ

調停委員の心証が大きく結果を左右する

調停や調停委員の雰囲気に飲まれないように緊張を解く

離婚が調停で解決しなくてはならない状態になってしまうと、それだけで気分が落ち込んでしまう人もいるでしょう。さんざん２人で話し合ったことが決裂した場合がほとんどなのですから。でももちろん、「これですっきり片付く」という前向きな気持ちで向かう人もいると思います。どちらの場合にしてもいえることは、慣れない家庭裁判所に足を向けるだけでも緊張するということです。まして、そのことを会社の人に話さなくてはならないとか、家族に説明しなくてはならないというのもプレッシャーになることがあります。

調停をうまく進めて、少しでも自分の思うような離婚をしたいのであれば、緊張を解くのは必須。入学試験や就職試験の面接を思い出してください。調停の場合も同様に、調停委員という面接者の心証がとても大事になります。

緊張自体は、悪い印象にはなりませんが、言いたいことがうまく言えなかったり、暗くて感じの悪い応答はよい印象にはなりません。

そして実際の調停ですが、初回手続き説明時と終了時を除き、原則として申立人と相手方が同席することはありません。通常は、ひとりずつ順番に調停委員の前で、自分の見解を話すことになります。この状況は、相手と顔を合わせないで済むというメリットがある反面、相手がどんなことをどんな表情、口調で話しているかをつかむことができないことにもなります。

同じことについて、それぞれの説明がまったく違う内容になることもしばしばあります。これは、単に意見の相違であって、どちらが正しいというものではないのですが、だからこそ、相手の意見が通る可能性も否《いな》めないということになります。むしろ、事実と違うことや現実的には無理な内容でも、相手に論理的に話されてしまうと、流れが変わってこちらが劣勢《れっせい》になってしまう場合もあるのです。

話す内容を事前に整理して書面にまとめておく

もしも、やってもいない、ありえない内容が相手から話され、それについて調停委員から聞かれても、そこでショックを受けて、感情的になってはいけません。どんな話が向けられても、冷静に最後まで話を聞き、その上で「そんなことはありません」ときちんと自分の考えを話すのがベスト

です。自分が話すときには、相手が言ってくるであろう反論も先読みして、話すことをまとめておきましょう。できれば書面にまとめておくといいです。事前に考えておくことで、取り乱したり、思わずつじつまの合わないことを口走ってしまう危険性を回避できます。

準備万端で、調停委員の前で上手に話せるように頑張りましょう！

調停委員の言ったことに腹を立てたり翻弄《ほんろう》されないことも大切です。調停委員は最初は大概にこやかで、すべてを聞き入れてくれるような表情で話を聞いてくれます。ところが、相手方の話を聞いたあとには、相手の立場に立って、あなたに相手の言い分を提示し、そうしてはどうかと提案したりもします。

そんなときに、どぎまぎして意見を言えないのもNGですが、なによりもよくないのは、逆上して自分の考えをまくし立ててしまうことです。それでは悪い印象を植えつけるだけです。

いずれにしても、**調停を活用することで良い印象を与え、調停委員に味方になってもらい、2人の話し合いで決まらなかったことを決めてもらうことが目的だということを忘れずに、上手に調停を乗り切ることが大切です。**

陳述書の書き方・提出の仕方

陳述書とは？

事前に提出したとき争点をわかりやすく説明する
内容は、相手が読んだときにわかりやすいよう、事実のみを短く的確に

■ 提出先の家庭裁判所宛とし、陳述書を記入した日付、名前、押印をする。印鑑は認印でもOK

■ とにかく「わかりやすさ」を心がけて、論点ごとに段落を作ったり、箇条書きにして簡潔に記入したい。それだけで心証がよくなる

※内容は、まず結婚にいたるまでや家族構成などを記入し、その上で離婚原因の発生・最初の確認、経過、現状といった時系列でわかることが望ましい。 また、具体的な日付がわかるものは必ず記入していく

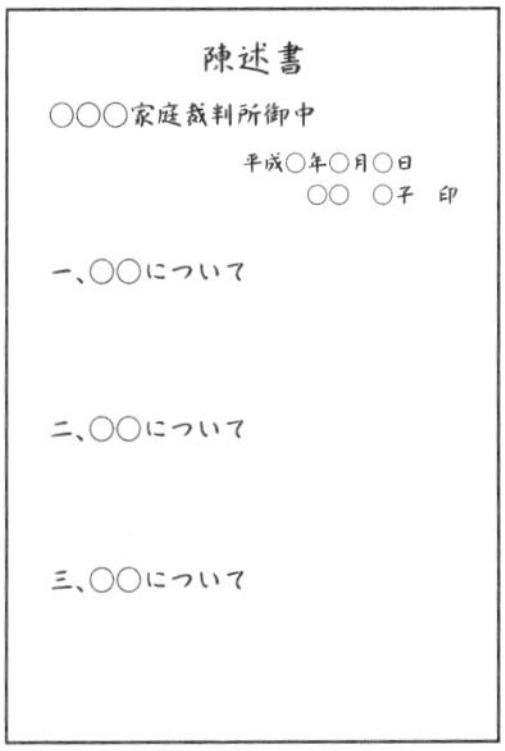
陳述書

○○○家庭裁判所御中

平成○年○月○日
○○ ○子 印

一、○○について

二、○○について

三、○○について

陳述書の提出方法は？

離婚調停を担当してもらう家庭裁判所の担当部署に直接あるいは郵送で提出する。

その際、事件番号と自分の名前が確認できるよう記しておく

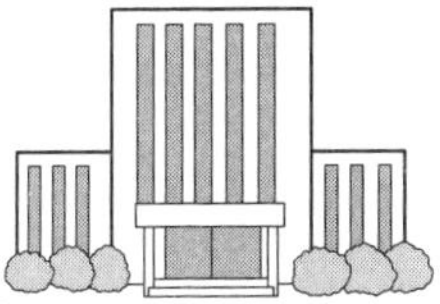

ADVICE

調停委員２名は常識的な人、できれば奇抜なネイル、ファッションは止めて落ちついて誠実な印象を与えるものを選ぶ。

調停から離婚までの流れ

第1回目に全体の方向を定め、その後は1～2ヵ月に1度行なう

取り決め事項などがまとまった時点で調停離婚成立

調停離婚の申立てが受理されると、裁判所が第1回目の調停期日を指定します。そして、呼び出しに応じて、出廷すると、通常は男女各ひとりずつの調停委員が、申立人と相手方それぞれの言い分や事情を聞いて問題点を整理したり、今後の調停の方向づけをします。

また、申立人と相手方は原則として同席することはなく、控え室も申立人と相手方で分けられていますので、まったく顔を合わせないままでも調停は進められます。

第2回目以降の調停期日は、前の回の調停の席で決まります。調停期日のスケジュールは、その裁判所の業務状況によりますが、1ヵ月～2ヵ月に1回の割合です。**調停を何回か重ねて、申立人と相手方との間で離婚の意思が固まり、取り決め事項などもすべてまとまると調停離婚の成立ということになります。**

そこで、調停委員と裁判官と裁判所書記官が立ち会って調停調書が作成されます。**申立人・相手方のどちらか一方が、調停成立の日から10日以内に、本籍またはどちらか一方の住民登録がある市区町村役場の戸籍課に、離婚届と調停調書の謄本（本籍地以外の場合は戸籍謄本が必要）を提出して、調停離婚が成立したことを届出ます。**

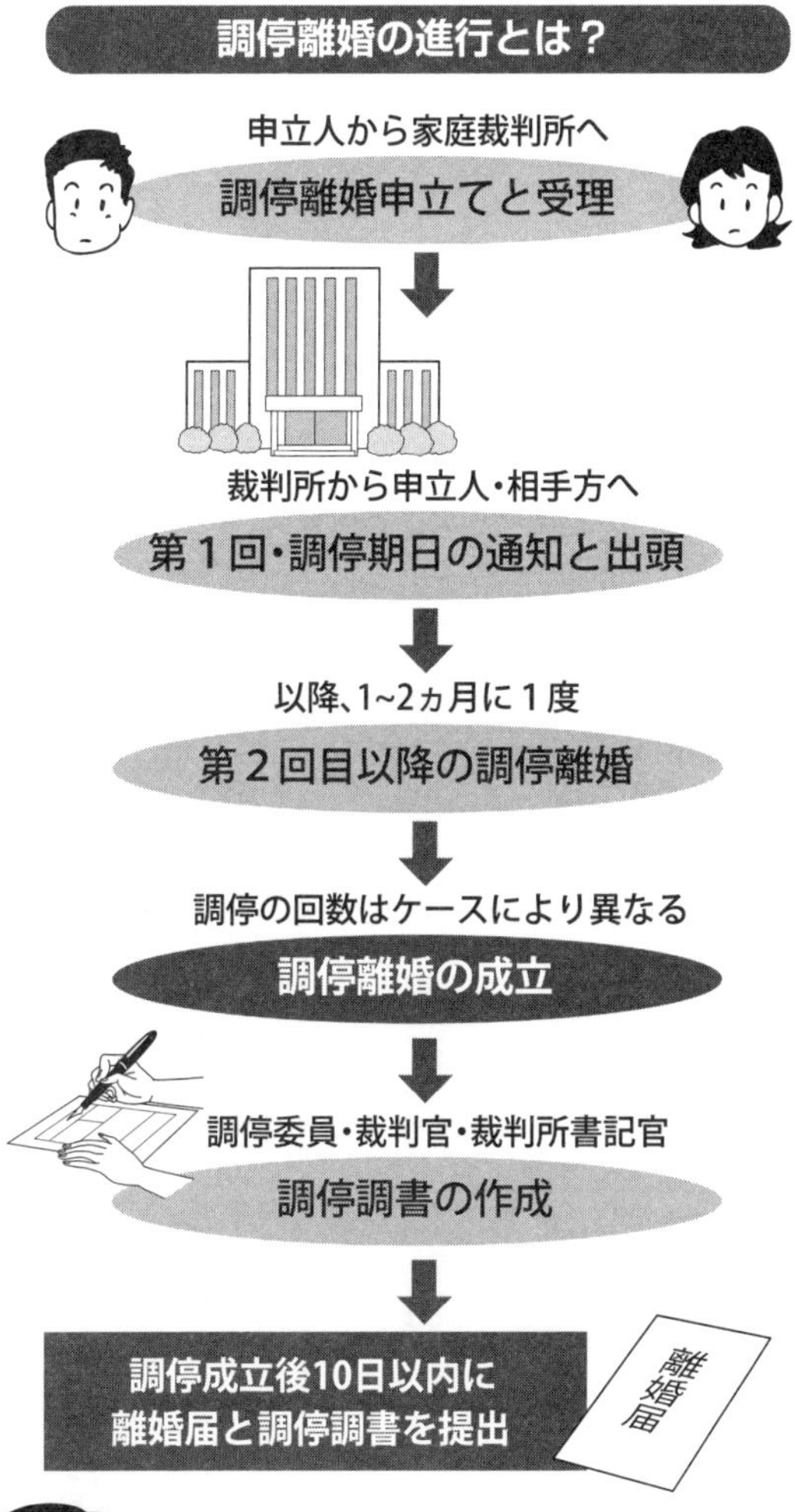

ADVICE

最初の印象が大事。調停委員が控室に呼びに来るときの返事や態度は、できるだけ丁寧《ていねい》に相手を敬《うやま》う気持ちで。

調停の内容とそのための準備

申立の経緯や必要事項は書面にまとめておく

原則として互いに顔を合わせることなく、調停は進められる

申立人と相手方はそれぞれ、調停室で調停委員を通じて話し合いをします。第1回目の調停では手続説明で同席の後、先に申立人が調停室に入り、調停委員が夫婦の生活の様子や調停を申立てるに至った経緯などについて聞きます。申立人は、次の件について答えます。

- 2人の経歴や結婚した経緯・夫婦生活の変化、夫婦がうまくいかなくなった経緯
- 離婚を考えた事情
- 財産分与や慰謝料請求額について、請求額の根拠
- 子どもの親権者・監護者について
- 子どもの養育費の額

このときに、書面にまとめて提出すると、スムーズに調停が進みます。次に相手方が調停室に

調停はどのように行なわれる？

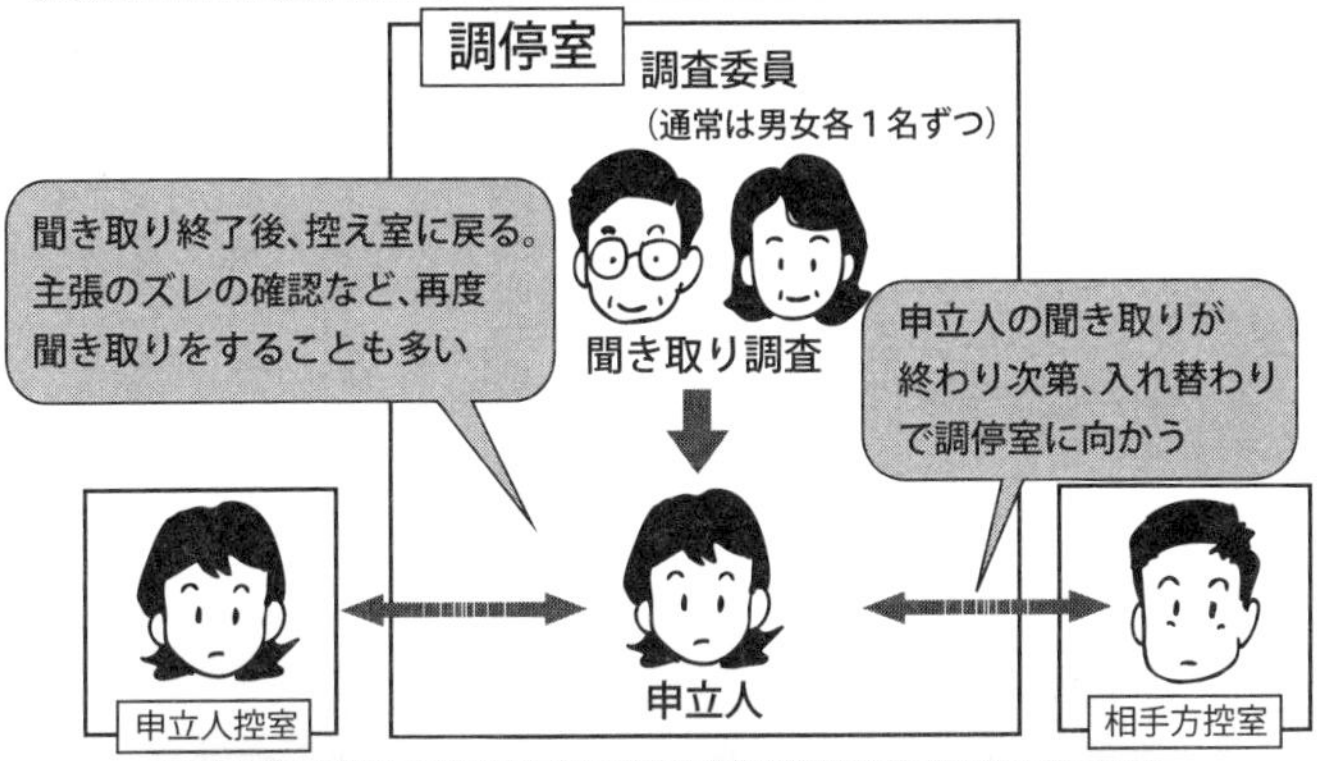

原則として初回の手続説明時及び終了時以外、互いに顔を合わせることなく、調停を進める配慮がなされている

呼ばれ、調停委員が申立人の話に間違いがないか、また相手方の意思・希望を聞きます。異議がある場合は、このときに話します。

原則として夫婦が同席し顔を合わせることはなく、交代で何度か調停委員を通じて話し合いをします。一方が調停室に入室している間は、一方は顔を合わさないよう別の控室で待機します。**顔をどうしても合わせたくない場合は前もって裁判所にその旨を伝えておくと、時間をずらしたり待合室のある階を押さえてくれる場合があります。**

各回の最後に次回の期日を決めて終了します。

調停1回の所要時間は2時間ほどです。

ADVICE

調停の控室では予定以上に待つことがある。控室は他の人もいて重苦しい感じなので、好きな音楽や本を持っていくと気分転換になる。

調停離婚の成立とその後の手続き

合意内容を記した調停調書が作成され、調停離婚の成立となる

調停調書は裁判の判決と同じ効力を持つので記載後には変更できない

調停によって離婚の合意が成立し、双方が納得することができ、調停委員会が離婚するのが妥当と認めた場合には、離婚が成立し、調停が終了します。

調停の内容がまとまると、裁判官は調停の行なわれている部屋で、当事者の前で調停条項を読みあげ、当事者に確認させます。調停の内容に異議がある場合には、訂正してもらいます。わからないことがあれば、納得できるまで説明を受けるようにします。

「調停調書」に記載がないことは、調停で決まったことにはなりませんので、必要なことは、必ず調停条項に入れてもらうようにします。調停の内容そのものは調停成立のときに決まりますが、記載内容はあとで変更することはできません。

調停が終了すると、離婚の意思の他、離婚に関する具体的な合意内容を調停調書として作成しま

す。この調書が作成された時点で、調停離婚は成立します。**離婚の成立日は調停が成立した日です。**調停調書は、確定した判決と同じ効力を持っていますので、作成後には記載内容に不服を申立てることはできません。そして、当事者双方への調停調書謄本の送達申請をします。

調停調書は判決と同じ効力がありますから、強制執行ができます。そのためにも相手方への送達が必要になります。調停調書が作成された時点で、調停離婚は成立していますが、戸籍に記載してもらうために、中立人・相手方のどちらか一方が調停調書の謄本を添えて、**調停成立の日から10日以内に離婚届を本籍地、あるいは住所地の市区町村役場に提出する必要があります。**

調停調書には、離婚の成立以外にも、その他の合意内容のすべてが記載されます。これを役所に提出することに抵抗を感じる場合には、裁判所が当事者の求めに応じて別途作成する「**省略調書**」を調停調書の代わりに提出することもできます。省略調書には、離婚の成立と未成年の子どもの親権者だけが記載されます。

届出に必要な書類は、離婚届、調停調書の謄本、本籍地でない役所に出す場合には、戸籍謄本です。相手方と証人の署名・押印は必要ありません。

ADVICE

戸籍謄本に、調停離婚でなく協議離婚と記載してもらうように依頼することもできる。

調停中・調停後のトラブルと対処法

調停中の財産処分を防いだり、調停調書の内容を守らせる方法

調停前の仮処分で保全を図る

調停の申立てから成立までかなりの時間がかかります。その間に相手が財産を隠したり処分したりするのを防ぐ手段が、調停前の仮処分（仮の処分ともいう）です。

家庭裁判所は、調停の申立て後、終了するまでの間、調停のために必要と認める処分を命ずることができます。

銀行の預金や不動産を調停中に勝手に処分されないためには、家庭裁判所に調停前の「**保全処分**」の申立書を提出し、調停手続きが終了するまでの間、財産の処分を禁止するように申立てるのが最善です。

あるいは家庭裁判所に審判を申立てた上で、審判前の保全処分を申立てます。この処分には執行力があるため、相手が財産を隠したり処分するのを防ぐことができます。

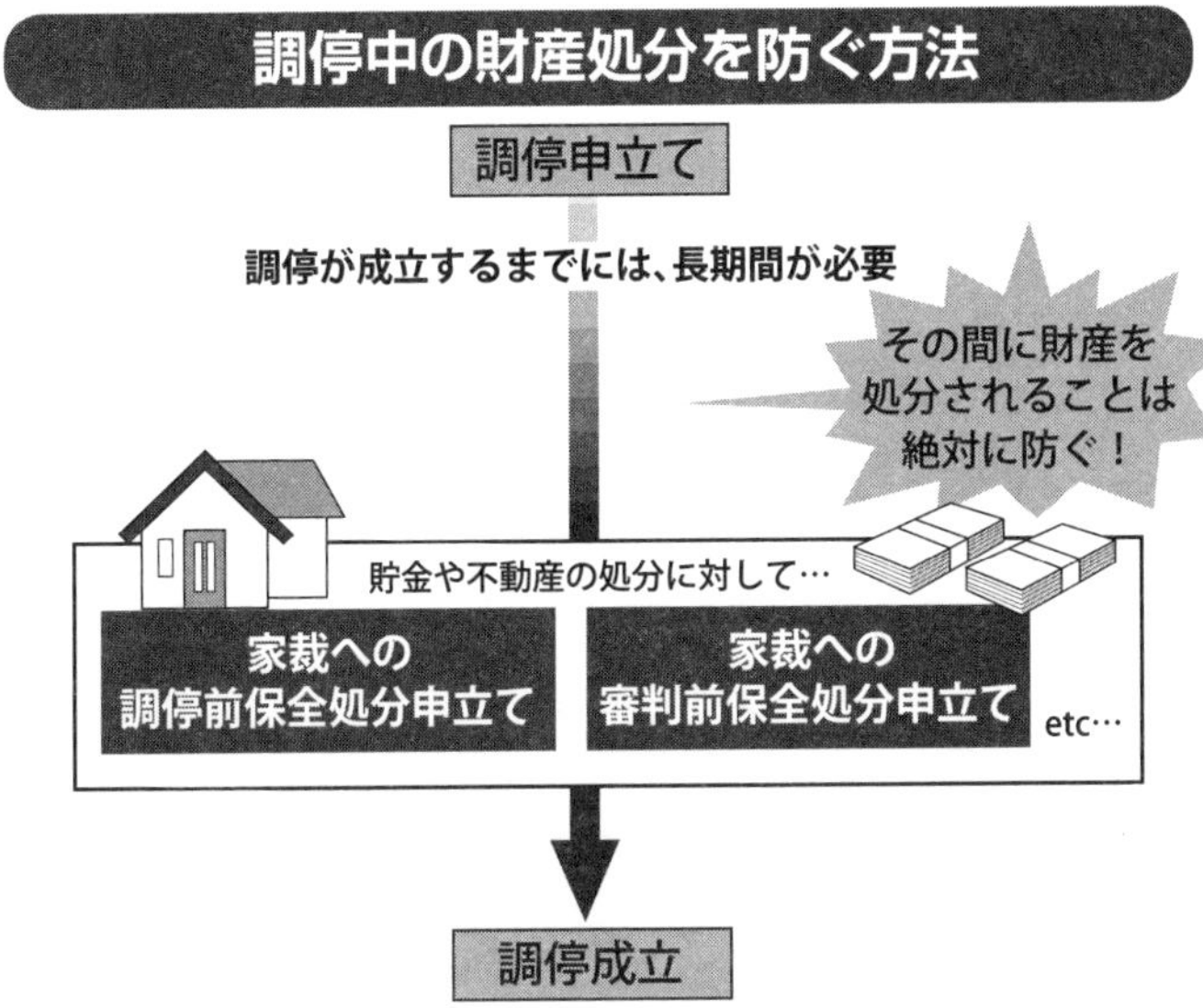

最終的手段としては強制執行

調停が終了し、離婚の詳細が調停調書に書かれても、それを守ってもらわなければ、なんにもなりません。

とくに金銭的な約束を守らない場合には、次のような方法で、支払いをさせるように目指しましょう。

【不履行を避けるための方法】

●**内容証明**　相手方に対し内容証明郵便で支払を促《うなが》します。

●**履行勧告**　申立てにより調停で決定された事項が実現されるように援助する手続きです。

例えば、調停で養育費などの請求を認められたにもかかわらず支払わない相手方に対して、権利者の申出があった場合、家庭裁判所は調査官を通じて調査し、その義務の履行を促すものです。ただし強制することはできません。この手続きには費用はかかりません。

●履行命令　権利者の申立てによって、義務者に対し、相当な期間を定めて支払うように命令する制度です。

履行命令は、家庭裁判所からの履行勧告によってもなお養育費などが支払われない場合に支払いを命ずるというものです。

これも命令するに留《とど》まり強制力はありませんが、正当な事由なく命令に従わない場合は10万円以下の過料に処せられます。

●強制執行　最終的な強制手段です。

義務者の財産を換価《かんか》（差し押さえた財産などを金銭に替える）して債務の弁済にあてるものです。

調停の決定事項をきちんと守らせるには？

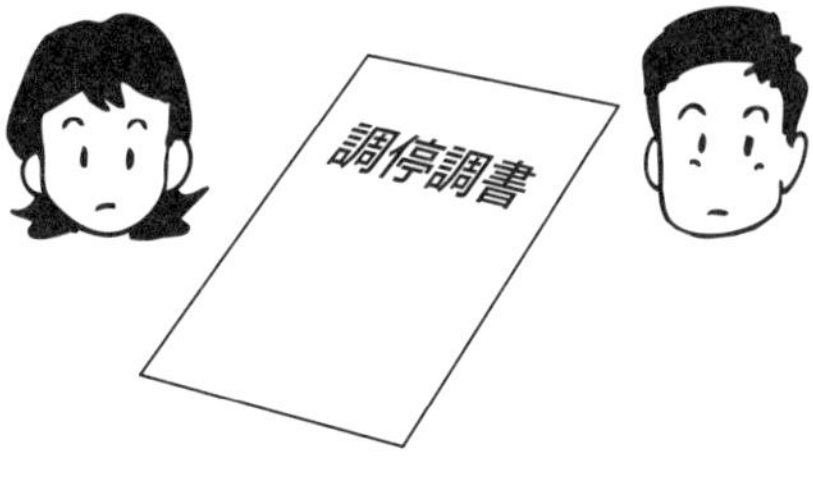

調停での決定事項を相手に守らせることが大切！
そのための制度もいろいろ用意されている

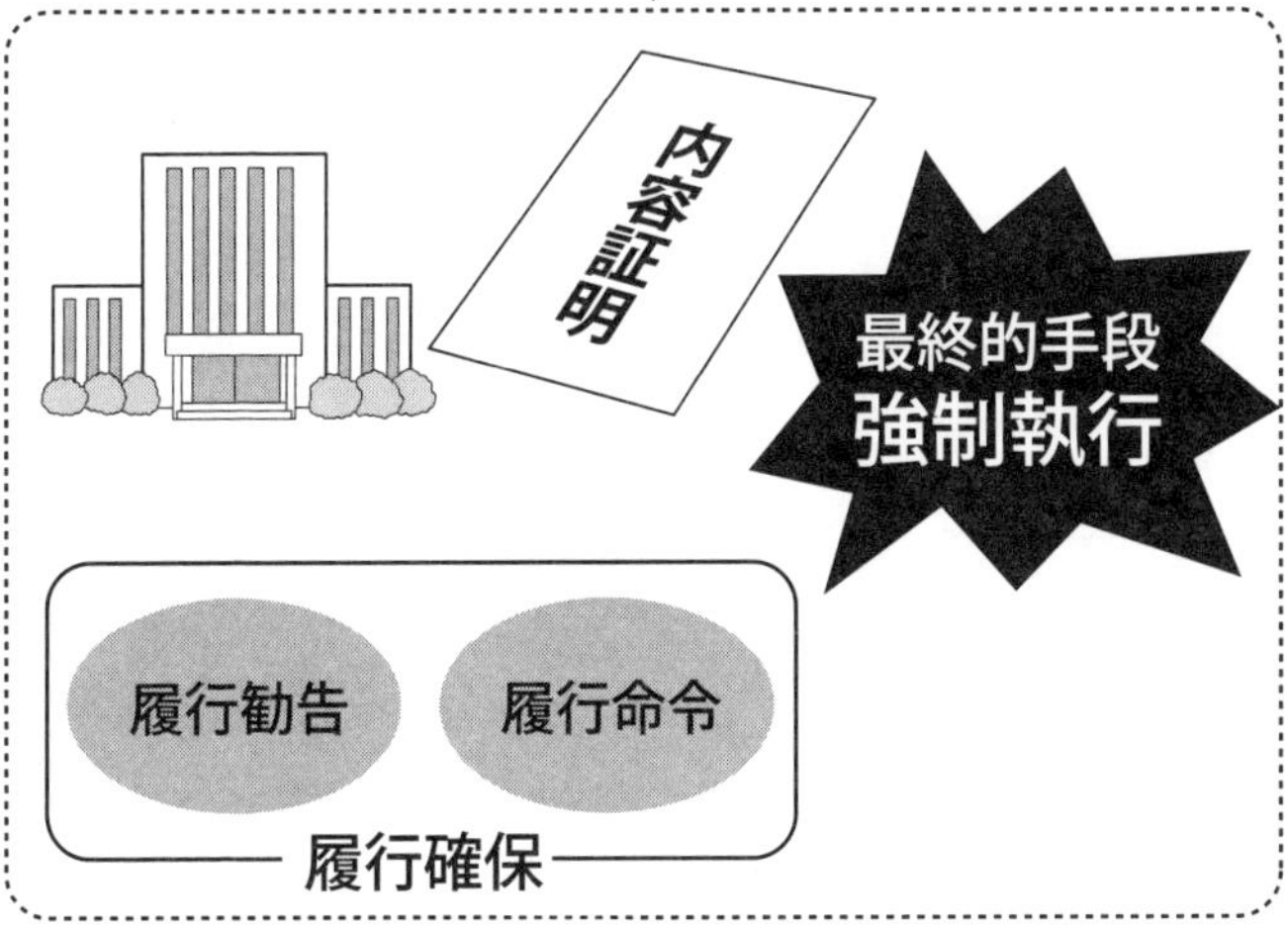

ADVICE

法律で決まったことでも行使すると腹を立て、何をされるかわからないような相手の場合は、話し合い上手な弁護士に依頼すると丸く収まることが多い。

調停には弁護士は必要？

相談はしておくべきだがケースバイケースなので慎重に

無料相談などを利用して、調停前までに方針を決める

協議離婚の場合でも、法的な相談を必要とする人は多いのですが、いざ、調停となった場合には「弁護士に依頼したほうがいいのでしょうか」という質問をよく受けます。

もちろん、**ケースバイケースですが、とりあえず第1回目の調停の前までには自分の方針をある程度決めて、弁護士に法律に関わる相談をしておくほうがいいでしょう。**

各市区町村や「**法テラス**」では無料相談の受つけもあります。また、料金はかかりますが、弁護士会の法律相談を受けたりしてもいいと思います。

通常の相談料は、30分で5000〜10000円（税別）が相場です。弁護士に調停の代理人を依頼するとなると、相談料以外に30万円から50万円程度（税別）の着手金が必要になりますし、慰謝料などが取れた場合には、その10％前後の成功報酬金も支払います。

弁護士を上手に活用する

離婚調停の代理人を弁護士に依頼した場合は？

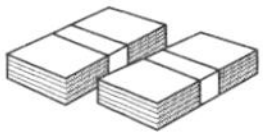

基本となる相談料
＋
30~50万円位の着手金　　慰謝料等に対する報奨金

事案によっては弁護士の登場で解決が遅れることもある

- 相手が弁護士を立てている
- 夫婦間の経過が複雑
- 裁判になるのが予想される

→ こうしたケース以外は、ひとりでも対応は可能

ただし、弁護士が代理人として前面に出る必要がない場合や、前面に出ることでかえって解決を遅らせる場合も考えられます。

【調停の段階で弁護士に依頼したほうがいいケース】

●相手方が弁護士を依頼している場合
●事実関係、とくに離婚を決意するに至った経過が複雑な場合。
●調停が不成立で終わることが予想され、裁判を起こす決意がすでにある場合。

ちなみに離婚調停は、当事者の出廷が原則です。よほどの事情があれば弁護士のみの出廷も認められますが、最終的には本人が必ず出なくてはなりません。

ADVICE
弁護士を頼まず調停に出頭するつもりでも、もし、頼むならこの人をという弁護士を先に見つけておくとよい。

裁判離婚の特徴と注意

途中で協議離婚が成立してしまうと付帯請求はできなくなる

裁判離婚は離婚調停の不成立が原則

これまでに、何度かお話ししましたように、いきなり離婚の訴訟は起こせません。**原則として、離婚調停が不成立で終了した場合に、はじめて夫婦の一方は家庭裁判所に離婚の訴えを起こすことができます。これが「裁判離婚」です。**

裁判離婚は、家庭裁判所に起こし、その裁判に勝って、離婚を認める判決を得なければなりません。離婚を認める判決は、相手がどんなに嫌がっても強制的に離婚させるものとなります。

この「裁判離婚」は離婚全体の約1％程度で、ほとんどが調停で離婚が成立するといったケースです。

訴えを起こすほうが原告、その相手方（訴えられたほう）を被告といいます。

あくまでも、**「調停前置主義」**が原則ですが、次にあげるケースなどは調停を行なわず離婚訴訟

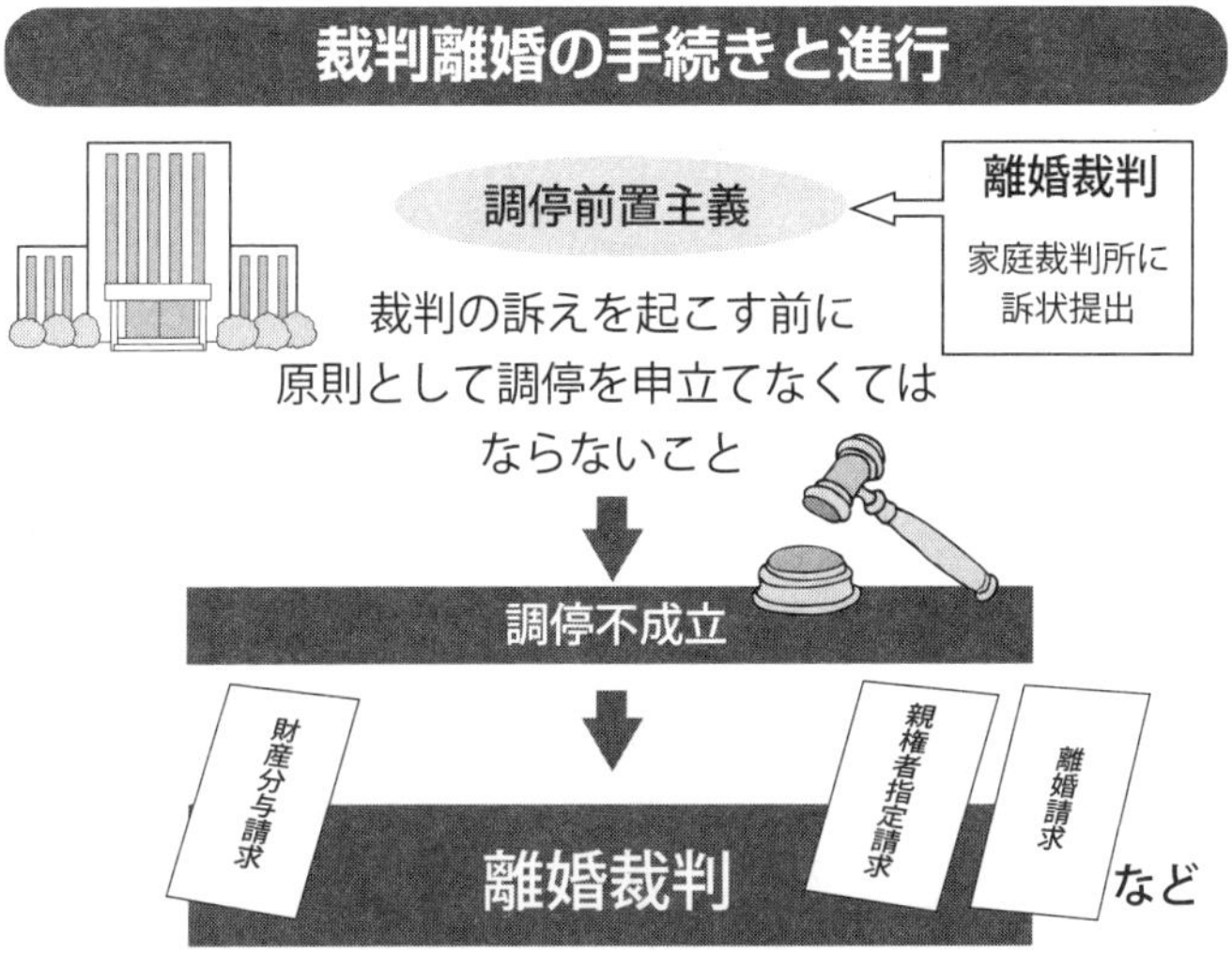

の訴えを起こすことができます。

【調停を行わず離婚訴訟の訴えを起こすケース】

- 被告が生死不明や行方不明
- 被告が心神喪失などの状態
- 家庭裁判所が調停では協議できないと判断した場合

以上の場合には**離婚請求とともに、通常、いくつかの付帯請求を同時にします。主な内容は、財産分与、慰謝料、親権者の指定、養育費となります。**

裁判の途中で協議離婚が成立し、離婚請求が取り下げられると、付帯請求ができなくなります。その場合には、財産分与、親権者の指定、養育費の請求は却下されてしまいます。

そのため、これらを請求するときは、改めて家庭裁判所に調停、審判を申立てることになります。

なお、慰謝料は、本来、地方裁判所に訴えるべき事項ですが、これも離婚の訴えがあれば、あわせて家庭裁判所に請求することができます。

訴訟を起こす場合は早めに弁護士に相談する

離婚訴訟を起こす場合、訴状を作成する段階から、法律の専門知識が必要になります。そのため、裁判を有利に進めたいと考えるなら、できるだけ早い段階から弁護士に依頼するほうがいいと思います。

裁判だから必ず弁護士に依頼しなければならないということではありません。当然本人だけでもできないことはありませんが、離婚の訴状から作成するとなると、とても素人では困難だということに間違いありません。

本裁判になると、書面の提出、証拠の申出などすべての手続きは、法律の定めるところに従わなければなりません。

判決を得るためには、離婚原因の事実について、訴えを起こした原告が主張するだけではなく、立証する必要もあります。

いかがでしょう？　ちょっと難しそうだと思いませんか？

弁護士に依頼した場合は、弁護士は提訴して、裁判には依頼者の代理人として出席します。

裁判離婚は弁護士に依頼するべきか？

法律の専門知識が必要

- 裁判所に提出する訴状の作成
- 本裁判での書面提出・証拠申出などの手続き

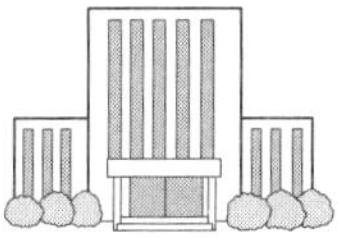

事実関係の分析と高度な交渉術が必要

- 離婚原因となった事実の主張・立証
- 相手方が弁護士を立てた場合の話し合い

↓

以上のようなことを考えると…

弁護士に依頼せずに裁判を進めるのは非常に難しい！

代理人である弁護士が出席していれば、依頼した人は、和解の話し合いをするときや、証拠調べで尋問されるとき以外は、裁判所に行かなくてもいいことになります（弁護士に関することは114ページ参照）。

ただ本人尋問は重要視されますので、ご自身も弁護士からのアドバイスや知識の吸収も必要となるはずです。

訴訟を起こすつもりであれば、早めに弁護士の力を借りるといいでしょう。

ADVICE

裁判になってもすべて弁護士任せにせず、コミュニケーションを怠らず、自分のそのときの正直な気持ちを伝えていく。

裁判離婚が認められるには？

民法が定める法定離婚原因がないと、裁判で離婚は認められない

離婚が認められる5つの理由

調停や、その流れで行なわれる審判と違い、裁判の場合には、民法に定める離婚原因がない限り、離婚は認められません。

【離婚原因となる5項目】

①配偶者に不貞な行為があったとき
②配偶者から悪意で遺棄《いき》されたとき
③配偶者の生死が3年以上明らかでないとき
④配偶者が強度の精神病にかかり、回復の見込みがないとき
⑤その他婚姻を継続しがたい重大な事由のあるとき

裁判を起こすには以上の5項目のうちどれかの離婚原因が必要となります。

民法が定める離婚原因

1 配偶者に不貞な行為があったとき

配偶者以外の異性との性的関係

不倫などある程度継続的な関係を主張・立証できることが望ましい

2 配偶者から悪意で遺棄されたとき

夫婦として求められる協力義務・扶助義務が果たされていない場合

生活費を渡さない、同居を拒否する、他の異性と同居するために別の住居を持つなど

3 配偶者の生死が3年以上明らかでないとき

最後に生存が確認されてから3年以上、生死が不明の場合

所在は不明だが、生存していることがはっきりしている場合は該当しない

4 配偶者が強度の精神病にかかり、回復の見込みがないとき

配偶者が回復が見込まれないほど強度の精神疾患を患った場合

早期性痴呆、麻酔性痴呆、躁鬱病、偏執病、初老期精神病などが該当。 ヒステリー、ノイローゼなどは該当しない

5 その他婚姻を継続しがたい重大な事由があるとき

夫婦関係に破綻をもたらすような事由が該当し、以下にあげたようなものが考えられる

ギャンブルや浪費などの金銭のトラブル、暴行、虐待、精神的虐待、性格の不一致、性的関係の不一致…など

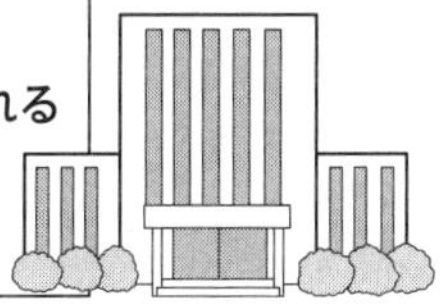

ADVICE

⑤のケースでは相手がウソをついたりして真逆のことを主張してくるケースもあり、時間がかかることを覚悟する。

裁判離婚の訴訟を起こすのに必要な手続き

訴状に収入印紙を添付して家庭裁判所に提出する

裁判所に提出する訴状は、弁護士に相談の上、作成してもらおう

離婚の訴えを起こすには、離婚を求める内容の訴状を２通（裁判所保管の正本１通、被告に郵送する副本１通）を作成し、夫婦の戸籍謄本を１通添付して家庭裁判所の「家事事件受付係」に提出します。訴状には収入印紙と連絡用の郵便切手を添えます。

【訴訟に必要な収入印紙代】

● 離婚だけの訴え（親権者の指定を求める場合も含む）↓１３０００円分の収入印紙

● 離婚の他、金銭の支払いも訴える↓１３０００円分の収入印紙＋請求内容に応じて増額となります。

肝心の訴状は、弁護士に詳しく事情を説明して、適切な内容の訴状を作成してもらうのが妥当です。離婚の訴えを起こす裁判所は、原則として夫または妻の住所地を管轄する家庭裁判所になります。

離婚裁判に向けて必要な手続き

提出する書類など

訴　状 ＝２通

■ １通は裁判所保管の正本
■ もう１通は被告に郵送する副本

戸籍謄本 ＝１通

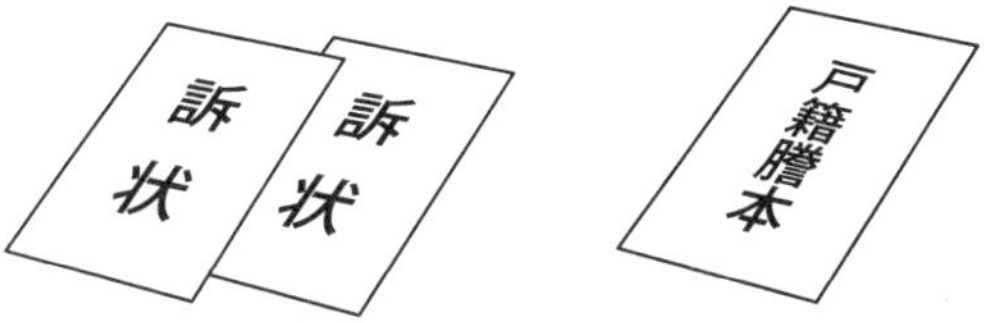

訴状に 収入印紙 を添付する

■ 離婚のみの訴え　13000円分の収入印紙
■ 離婚＋金銭支払いの訴え
13000円分の収入印紙＋請求内容により増額

家庭裁判所の
家事事件受付係に提出する

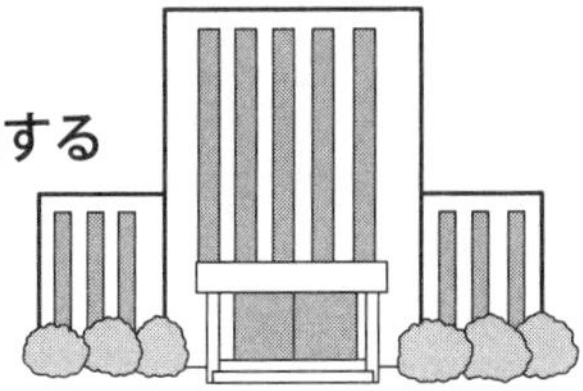

ADVICE

長い裁判で勝っても負けても、まわりの応援者や家族へのねぎらいや感謝の挨拶を怠らない。自分の労をねぎらう。

裁判離婚の流れと注意点

離婚の裁判でも証人尋問や証拠調べが行なわれる

相手方が行方不明でも裁判を起こすことができる

裁判の形式としては、家庭裁判所へ訴状を提出すると、裁判所から第1回口頭弁論期日が指定されます。被告（相手方）には裁判所から、訴状の副本と期日の呼出状が特別送達という形で郵送されます。

口頭弁論期日では、まず、あらかじめ提出した書面で双方が主張を述べ、証拠を提出します。争点が整理されると、当事者や証人の尋問、証拠書類の証拠調べがなされます。

裁判が進行する段階で、裁判所は判決による解決ではなく、話し合いによる解決をすすめることがあります。これを「和解勧告」といいます。和解が成立した場合、和解調書が作成され離婚が認められます。これが和解離婚です。

離婚の裁判を起こすことができます。通常は、被告である相手方に裁判所から訴状の副本と期日呼

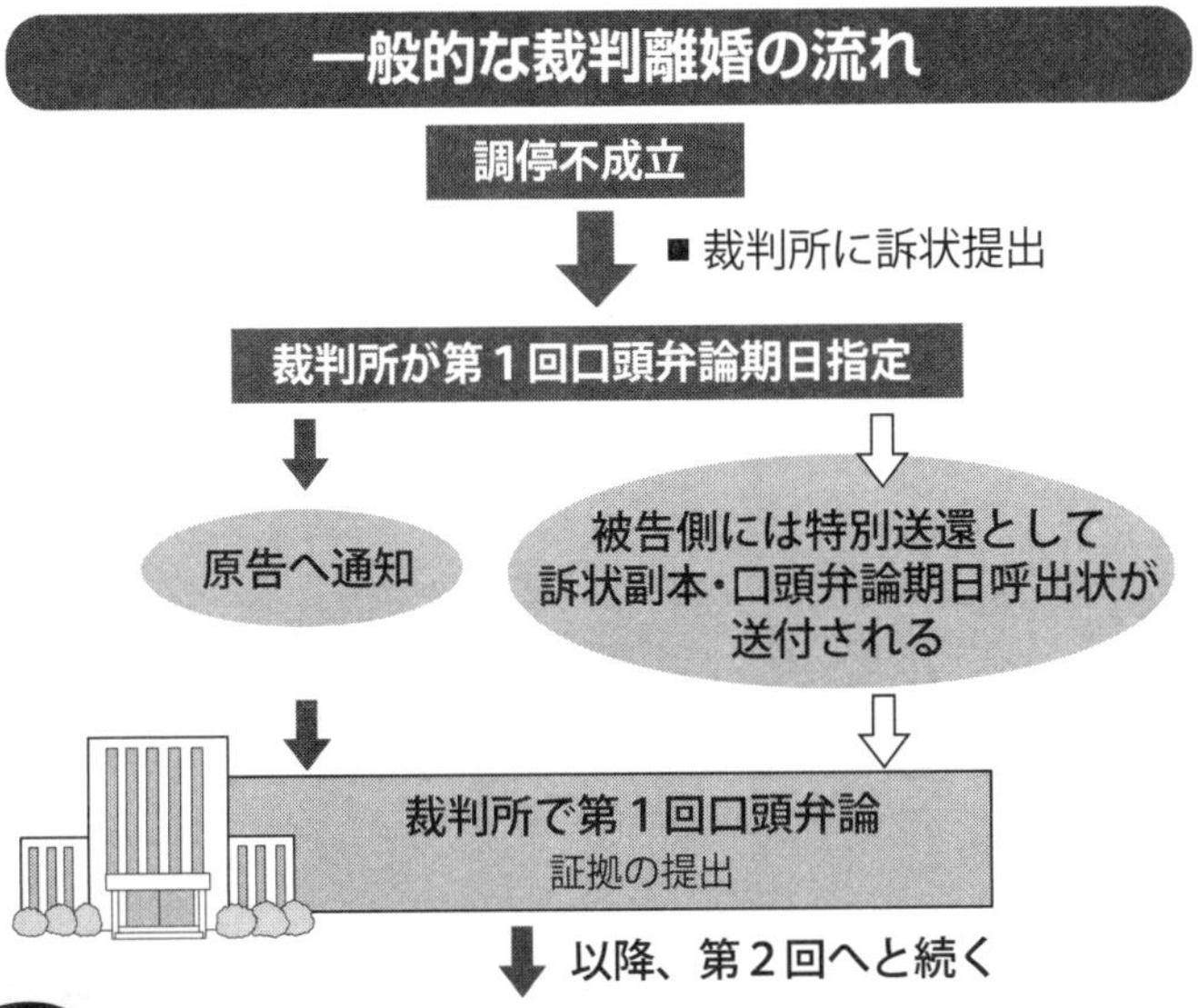

出状が送達されるのですが、行方がわからない場合は、裁判所にある掲示板に一定の書類を掲示して被告に送達したことにする方法をとります。これを「**公示送達**」といいます。

公示送達の申立書を裁判所に提出し手続きを行ないます。**公示送達は掲示板に書類を公開してから2週間が過ぎると、被告に送達されたとみなされ、裁判を進めることができるようになります。**

その場合、第1回口頭弁論期日に、被告が出頭してくることはまずありません。この場合、欠席判決といって通常の民事裁判であれば原告の全面勝訴の判決が出ますが、裁判離婚の場合は、原告の言い分に間違いがないか証拠調べを行なってから判決が出されます。

ADVICE

和解勧告時、条件に納得できない場合はその理由と事情を裁判所にわかってもらえるよう誠実に伝えると条件が向上することもある。

弁護士への依頼方法と費用

離婚案件の経験豊富な弁護士を探す。評判だけを頼りにしない

相性と信頼が大切

離婚も裁判ともなると、すぐに弁護士に依頼して……と思う人も多いようですが、私は、まず法的な部分の相談にのってもらったり、書類の作成、調停や裁判の進め方＝作戦について相談するのがいいと思います。それでも、弁護士との付き合いというのは、日常的なものではありませんので、いろいろと迷うことも多いでしょう。

第一は、弁護士の探し方ということになると思います。一番いいのは、親戚、友人、知人に紹介してもらうことです。それも、民事、とくに離婚でお世話になったという人がいたら、その弁護士を紹介してもらうのが間違いないでしょう。

会社の顧問弁護士などに依頼するということも考えられるのですが、やはり得意分野というものがありますので、敏腕だという評判だけでは、適任かどうかの判断はできません。とくに、企業間

の問題を抱えている弁護士は忙し過ぎる場合もありますので、依頼人とのコミュニケーション不足を招きかねません。ですから、十分考慮してください。

また、弁護士と依頼人とはいえ、人間同士です。相性が良くなくては、信頼関係を築くのが難しくなります。まずは相談に行き、弁護士の意見や方針、見解などを聞き、自分の感覚で見極《みきわ》めるしかありません。もちろん、話しやすいというポイントも大切です。

自分の気持ちと資料の整理をして打ち合わせに臨む

相談を始める際には、自分の言いたいことをきちんと伝えることを忘れずに。自分の意思、相手の反応、希望条件などを簡潔に伝えます。

相談は、基本的に１時間が単位ですから、その時間を有効に使えるような準備も必要です。起承転結がはっきりした状況説明も大事な要素です。限られた時間の中で、自分の話をしっかり聞いてもらった上で、基本的なアドバイスを受け、調停や訴訟の流れを教えてもらったり、費用についてなども相談することになるのですから、いかに自分が効率のいい話ができるかどうかにかかってくるともいえるのです。

そのためには、必要な資料を把握《はあく》し、できる限りの資料を揃え、きちんとファイリングするなどの整理をしておくといいでしょう。また、１部しかないような書類は、必ずコピーをとっておくのも大切です。弁護士に預けることが心配なのではなく、同じ資料を持っていたほうが、先々打合せをする際にもわかりやすいからです。

信頼できる弁護士に出会うことができたら、あとは依頼人の自分が足を引っ張らないようにしなくてはなりません。気持ちがコロコロ変わったり、言うことが曖昧《あいまい》だったりしては、せっかくいい弁護士を選んでもうまく進みません。

もし、弁護士に依頼してしまってから、不信感が芽生《めば》えたり、気が合わないなどの問題が起きた場合には、まずは別の弁護士を探してセカンドオピニオンを聞きましょう。

場当たり的に解任してしまうと、新規に弁護士を依頼するために着手金がまたかかり、結果的にあまり内容は変わらなかった、ということにもなりかねません。

セカンドオピニオンを聞いた結果、現在の弁護士よりも、そちらの弁護士のほうがいいという結論になった場合には、きっぱりと解約の意思を伝えて、書類を全部戻してもらってから、新しい弁護士に依頼しましょう。

本当に信頼できる弁護士を見つけ、密に連絡をとって、依頼したかぎり信頼しきることが、いい解決への道といえます。

弁護士に依頼する場合には？

弁護士の探し方

親戚・友人・知人に紹介してもらうのがよい。
実際に離婚でお世話になった知人の紹介がベスト

実際に面談するとき

まずは相談（基本は１時間）に行き、会話・対応などから、自分に合った弁護士か、信頼できるかを見極める

正式に依頼してから

いい結果をもたらすためにも、弁護士が作業しやすいように資料の用意などで協力する
（弁護士にどうしても不信感を抱いたら、セカンドオピニオンを聞いても可）

弁護士費用の相場とは？

弁護士費用とは？

弁護士報酬

着手金
依頼時に支払う

報酬金
終了時に支払う

実　費

交通費・通信費
印紙代・出張費

法律相談（1時間）

5,000円から1万円が一般的

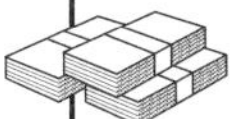

離婚を求めていた妻が、３歳になる子どもの親権と慰謝料（200万円）・養育費（月3万円）が認められたケースを想定

離婚調停

着手金　**30~50万円位**
報酬金　**30~50万円位**

離婚調停が不調で、その後に訴訟

着手金　**20~30万円位**
報酬金　**40~60万円位**

調停は受けずに訴訟のみ受任

着手金　**40~60万円位**
報酬金　**40~60万円位**

ADVICE

弁護士の選択は、人によって戦略や方針が違うので、何人かの弁護士に会って決める。弁護士に支払う費用のことはあとでもめないように、初めに遠慮せずしっかり聞いておく。

まとまったお金がなくても弁護を依頼できる

一定条件を満たせば民事法律扶助により弁護料が立て替えられる

法テラス制度を利用すれば、分割払いが可能

離婚の解決が裁判にまで発展してしまったとき、弁護士費用に対する不安が湧《わ》き上がってきます。前項で触れたように、弁護士を依頼するには、着手金からお金がかかります。

そんなときに心強いのは、民事法律扶助です。**民事法律扶助は、経済的理由から弁護士費用が払えないというときに利用することができます。**「法テラス（日本司法支援センター）」が、国、地方**自治体、弁護士会、日本財団などの援助を受けて行なっているのがこの制度です。**

各都道府県にある法テラスから、弁護料の支払いについて便宜《べんぎ》をはかってもらうことができるのです。弁護料を法テラスに立替払いしてもらい、依頼者は毎月分割払い（毎月5000～10000円程度）で返済します。利息はつきません。

ただし、便宜をはかってもらうためには、**世帯収入（配偶者が事件の相手のときは個人収入）が**

弁護士費用の援助を受けるには？

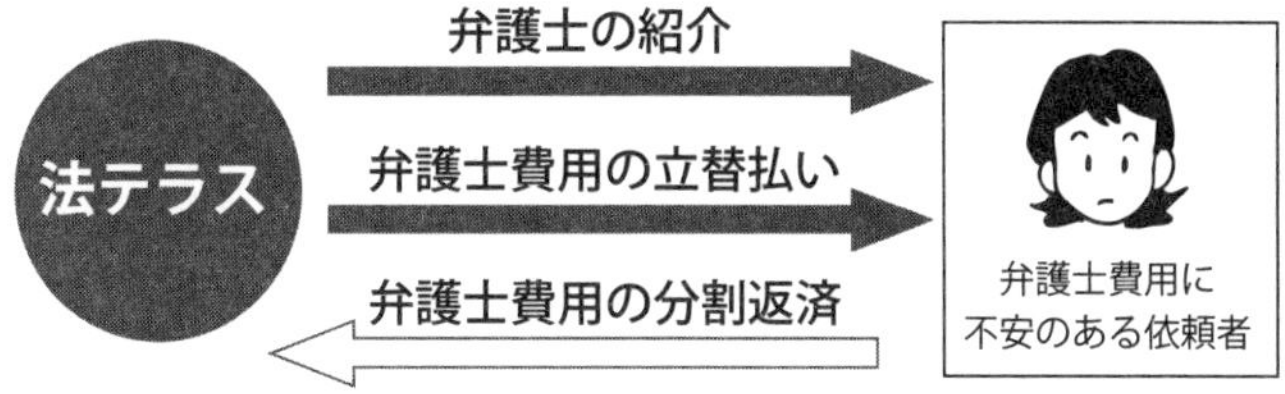

法テラスでの審査に必要なもの

- 資力を証明する書類（課税証明・非課税証明・給与明細など）
- 住民票
- その他関連書類（申込みの際に確認する）

一定額以下であることと、事件について勝訴の見込みがあるか（示談、和解、調停等による解決の見込みがあるものも含まれます）、事案の内容からして弁護士をつけるのが妥当なのかという要件を満たすことが必要です。

【立替え制度を利用できる人の条件】

賞与も含む月々の手取り額

- **単身家族**　182000円以下
- **2人家族**　251000円以下
- **3人家族**　272000円以下
- **4人家族**　299000円以下

なお、都道府県によって、基準が異なる場合もありますので、近隣の自治体の法テラス（242ページ参照）に問い合わせてください。

ADVICE

法テラス制度を使えるかはそれぞれの弁護士に遠慮しないで聞いてみる。

有責配偶者からの離婚請求は認められる?

離婚請求に対する考え方は有責主義から破綻主義へと変化している

浮気した側からの離婚請求が認められる!?

「有責配偶者」とは、**単純にいえば浮気をして婚姻関係を破綻させた本人（配偶者）や、暴力を振るったほうの配偶者ということです。**

言葉をかえれば、離婚原因を作った人ということになります。

過去には、裁判所は有責配偶者からの離婚請求を、よほどのことがない限り認めていませんでした。

これは、「**有責主義**」といって、離婚原因を作った人が明らかなときには、責任のないほうの人からしか離婚の請求はできないというものです。

しかし有責配偶者からの離婚請求を原則として認めないとしたところで、現実には破綻した夫婦関係が修復できなければ、根本的な問題解決にはならない場合が多いのです。

有責配偶者の離婚請求に対する考え方

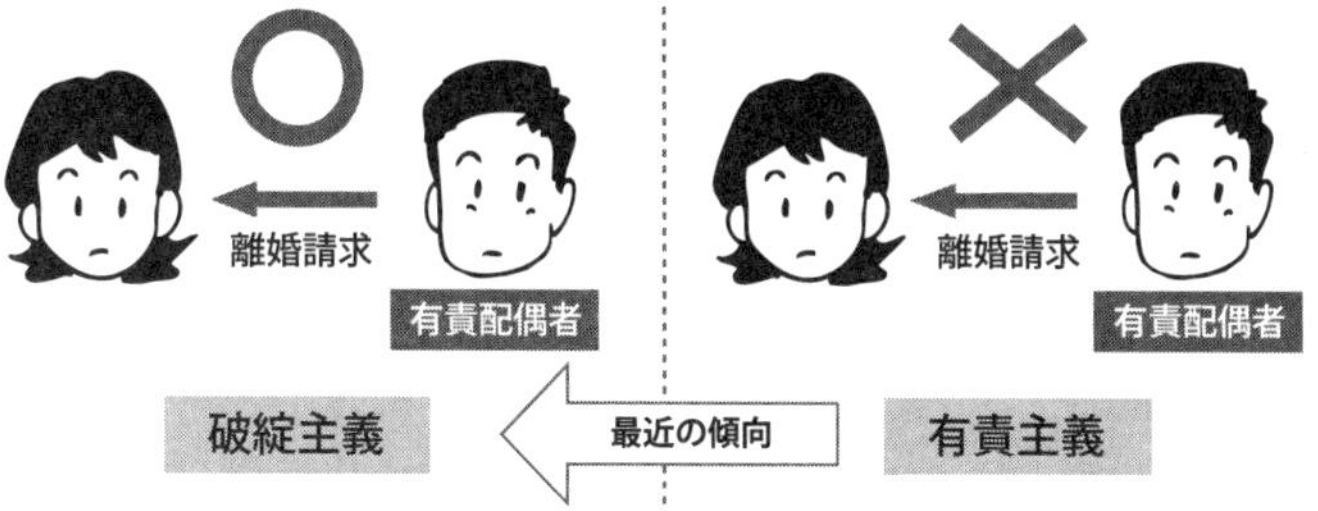

■夫婦関係が実質的に破綻している中では、有責配偶者からの離婚請求を認めるべきだという流れが出てきている
（離婚により相手方が過酷な状況に陥ると判断される場合などには認められない）

■従来、有責配偶者からの離婚請求は相手方にとってあまりに理不尽であるとして、認められてこなかった

そうした傾向から、**最近では夫婦関係が修復できないのであれば、離婚を認めたほうがお互いの将来のためにいいのではないかという「破綻主義」という立場をとるようになりました。**

ただし、未成熟子（義務教育を終えていない年齢が目安）がいたり、離婚後に配偶者が苛酷《かこく》な状況に陥《おちい》る可能性が高いなどの事情がある場合には認められません。

法律も裁判官も、意外と人情があるものです。だからこそ、相手の言い分に振り回されないよう、しっかり将来を考えた上で、自分が望む条件が通るような努力をしていきましょう。

ADVICE

有責配偶者からの離婚請求が認められないとされている期間を想定し、その間にメンタルと経済の自立の準備をしておく。

裁判を有利に進めるためのポイント

勝利は裁判官を知ることから

とにかく裁判官の心証が重要。感情的はもの言いは絶対に避ける

離婚裁判は、裁判官ひとりの才覚に任された判断で判決が出ます。たったひとりの裁判官の価値観が如実《にょじつ》に表れるので、裁判官をよく知ることがとても大切です。

男性なのか女性なのか、年齢は？　どんな人柄か？……一般の人間関係のように、裁判官をひとりの人間として捉えましょう。

では、裁判官とはどのように接触したらいいのでしょうか。裁判官は公平な立場ですから、裁判所以外で会うとか、時間外に会うのは無理。和解を切り出し、和解期日の裁判官との面談の際に接触するのが唯一の機会です。もちろん、その結果、本当に和解で終わるか判決で終わるかは別の問題です。ただし、判決となると、証拠調べ等が必要になるので、誰にとっても煩わしいことになります。

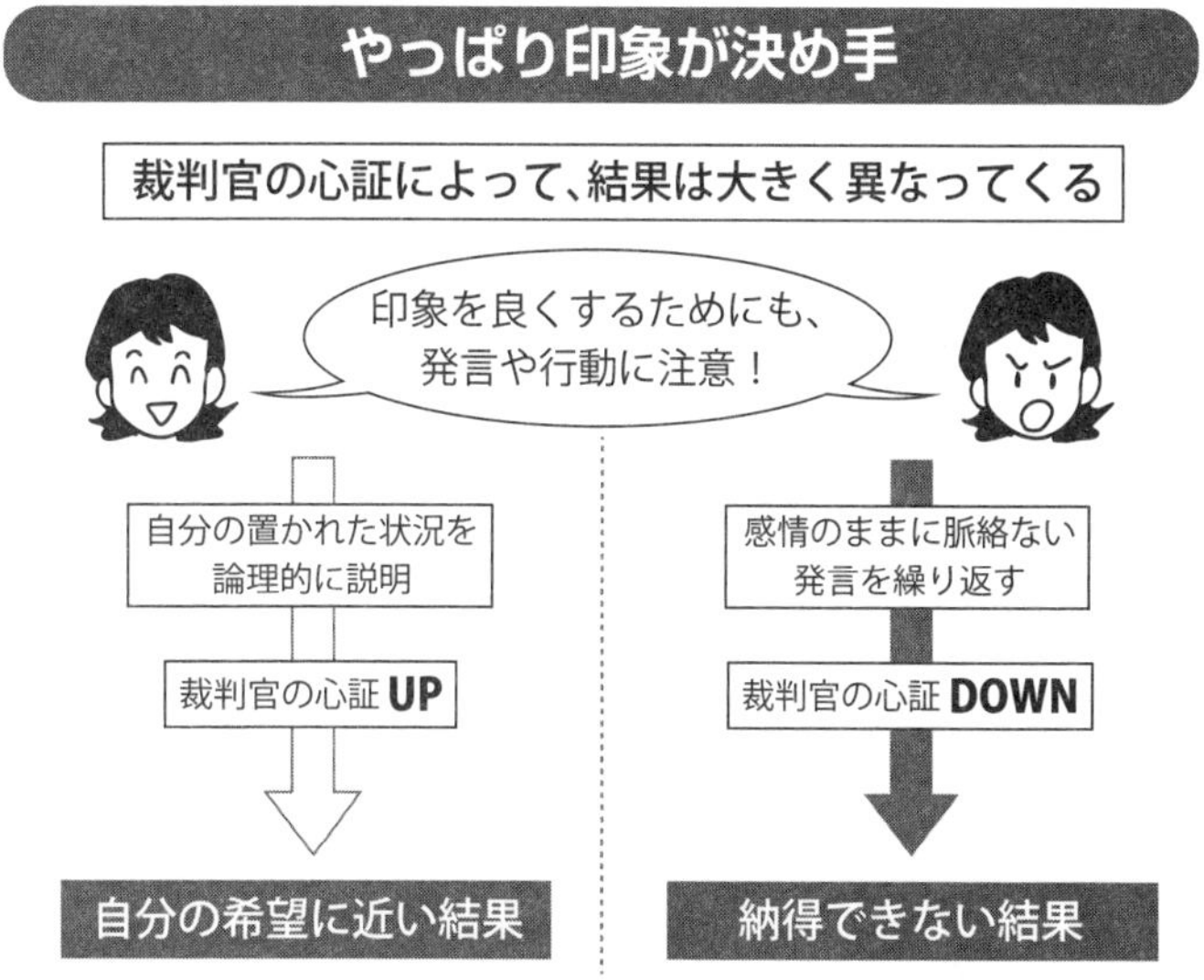

その際も裁判官が持つ心証はとても重要な意味を持ちますので、くれぐれも心証を害するようなことは言ったり、行なったりしないように気をつけましょう。

最も嫌われるのは、裁判官のアドバイスを受け入れず、自分の訴えのみを感情にまかせて一方的に話すことです。自己主張が過ぎると、否定的な印象を持たれてしまいます。

裁判官に信頼される弁護士を選ぶ

心証という意味では、依頼した弁護士も同じように重要なポイントとなります

弁護士については、依頼するときからその資質が問われます。裁判に至りそうだという予想が立つのであれば、相談や話し合い、作戦を立てるときに弁護士の考え方や論法、対処の仕方を聞いて

納得できるまで事前に話し合っておきましょう。
親身なようでも、感情をストレートにぶつけるタイプの弁護士は最もＮＧ。依頼人が、あれこれと感情的に話したことをそのまま受けとって喧嘩腰に話すようでは、「自分は能力が低いです」と言っているようなものです。依頼人の気持ちをよく汲《く》んだうえで、法的なポイントを押さえてわかりやすく説明してくれる弁護士が◎。

依頼人が心を開いてアドバイスを聞けるような弁護士なら、裁判官にも信頼されるでしょう。

金銭的な話は根拠を持ってドライに触れて、状況に関しては「気の毒」と受けとってもらえる言い方や物腰がベースとなります。それを法的な根拠に基づいて進めてもらえば、そのまま判決になっても怖《こわ》いものなしでしょう。

弁護士との関係は、相性が一番という話をしましたが、裁判では、それに加えて考慮しておくと有利なポイントもあります。

世の中のイヤな面を見るような話となりますが、弁護士本人の経歴、司法研修所の何期生かということも裁判官はさり気なく見ています。また本人の評価ではありませんが、どこの事務所に所属しているなど、見ていることがあるのです。

ADVICE

裁判官に対しては尊敬と信頼のもとに、自分の気持ちと望む条件をしっかりと伝える。

第3章

離婚で生じるお金の問題

知っておくべき離婚で生じるお金のこと

どんな性質のお金をどの程度請求できるか交渉前に理解しておく

離婚が決まるまでの生活費も請求できる

離婚の交渉を始める前に、お金の問題はよく知っておいたほうがいいでしょう。もちろん、離婚をしようという気持ちには、お金で解決できない感情の問題が山積みだと思います。それでも、生きていくためにお金はどうしても必要なものです。やたらと欲しがることや、欲張った考え方をするのではなく、正当なお金の要求はしなくてはならないのです。

【婚姻費用】 離婚が決まるまでの間に発生するお金で、結婚して夫婦が生活を送っていくうえでかかる費用のことです。

夫婦の間には、お互いの生活を自分の生活の一部として、相手が自分と同じレベルの生活を続けていけるように扶養するという「**生活保持義務**」があり、夫婦はその資産、収入その他の一切の事情を考慮して、婚姻から生ずる費用を分担する義務があるのです。

離婚が決まるまでの間に請求できる費用

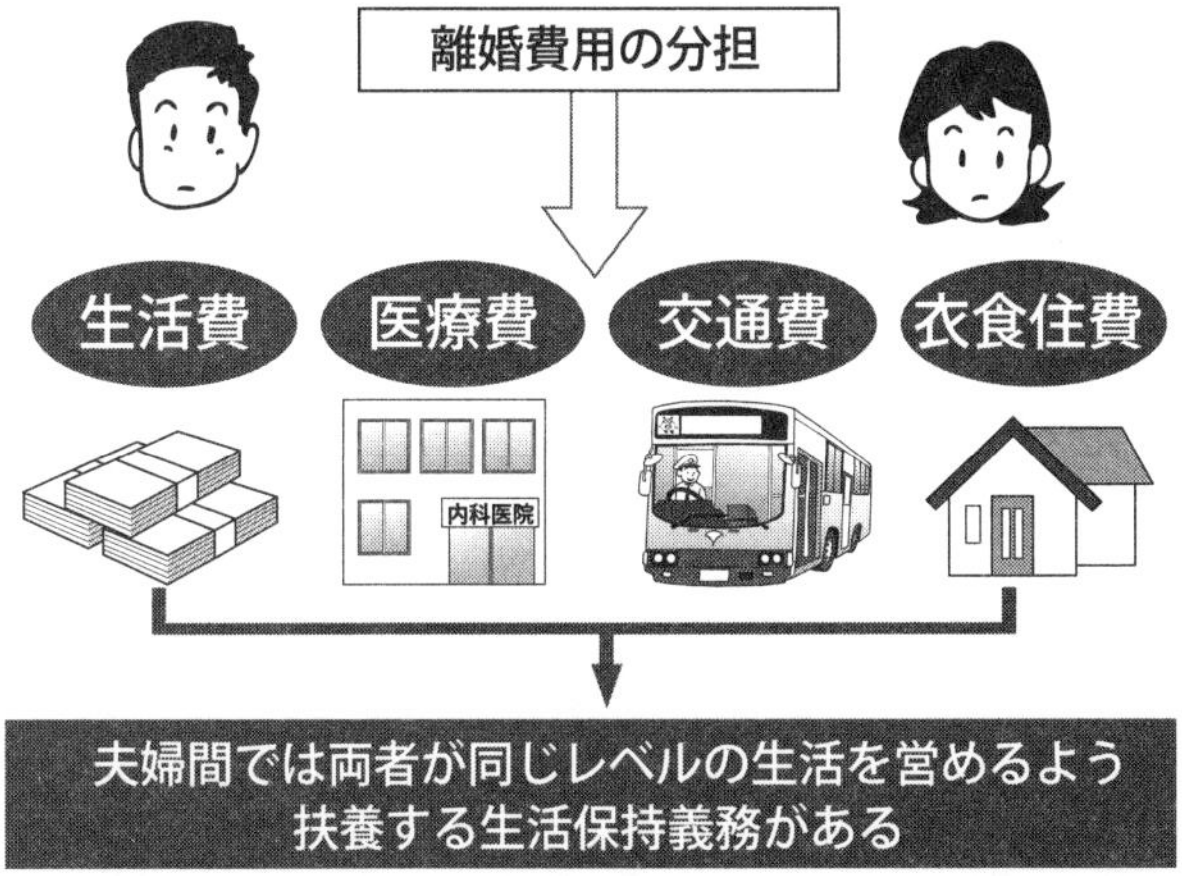
離婚費用の分担
生活費
医療費
交通費
衣食住費
内科医院
夫婦間では両者が同じレベルの生活を営めるよう
扶養する生活保持義務がある

婚姻費用の中には、本人の日常の生活費、衣食住の費用、医療費、交際費等の他、相手方や子どもの生活費も含まれます。

【婚姻費用分担請求】　協議で決まらない場合に家庭裁判所に婚姻費用分担の請求を申立てること。

離婚が決定するまでは、夫婦として生活保持義務に従って、同居していても別居していても、どちらか一方が極端に困窮する状態でいることは許されないのです。

分担額は、本来は夫婦間の合意で決定されるものですが、合意が成立しなければ審判手続きに移行します。

家庭裁判所が、その分担額を定めるにあたっては、当事者の収入や子どもの人数・年齢などを考慮します。

財産分与、慰謝料、子どものことなどお金の問題はいろいろある

【財産分与】 婚姻中にお互いが築いた財産を清算することをいいます。離婚が合意できたとして、その次に考えるべき財産の問題です。これは、たとえ名義はどちらか一方になっていても、他方の協力があった上で形成された財産ですから、夫婦共有財産と考えます。一方が無職であっても、2人とも収入があっても、この基本は変わりません。従って、離婚原因がある側からも請求できます。

【慰謝料】 離婚にあたって、精神的な苦痛を与えた者に対する損害賠償です。離婚の場合の慰謝料は、離婚原因である有責行為（不貞、暴力など）をした者に対する損害賠償請求ということになります。

暴力や浮気などの場合にはどちらに責任があるかは明らかですが、性格の不一致、宗教の対立、家族・親族との折合いが悪いというような場合には、どちらに責任があるかという判断がしにくいものです。一方に大きな責任があっても、他方にまったく責任がないこともなく、慰謝料の支払義務が生じるかどうか、曖昧なことが多いのです。そうした場合には、双方の責任の程度の割合によって慰謝料を決定します。

【第三者に対する請求】 配偶者の浮気相手に対しての慰謝料請求などが、それにあたります。

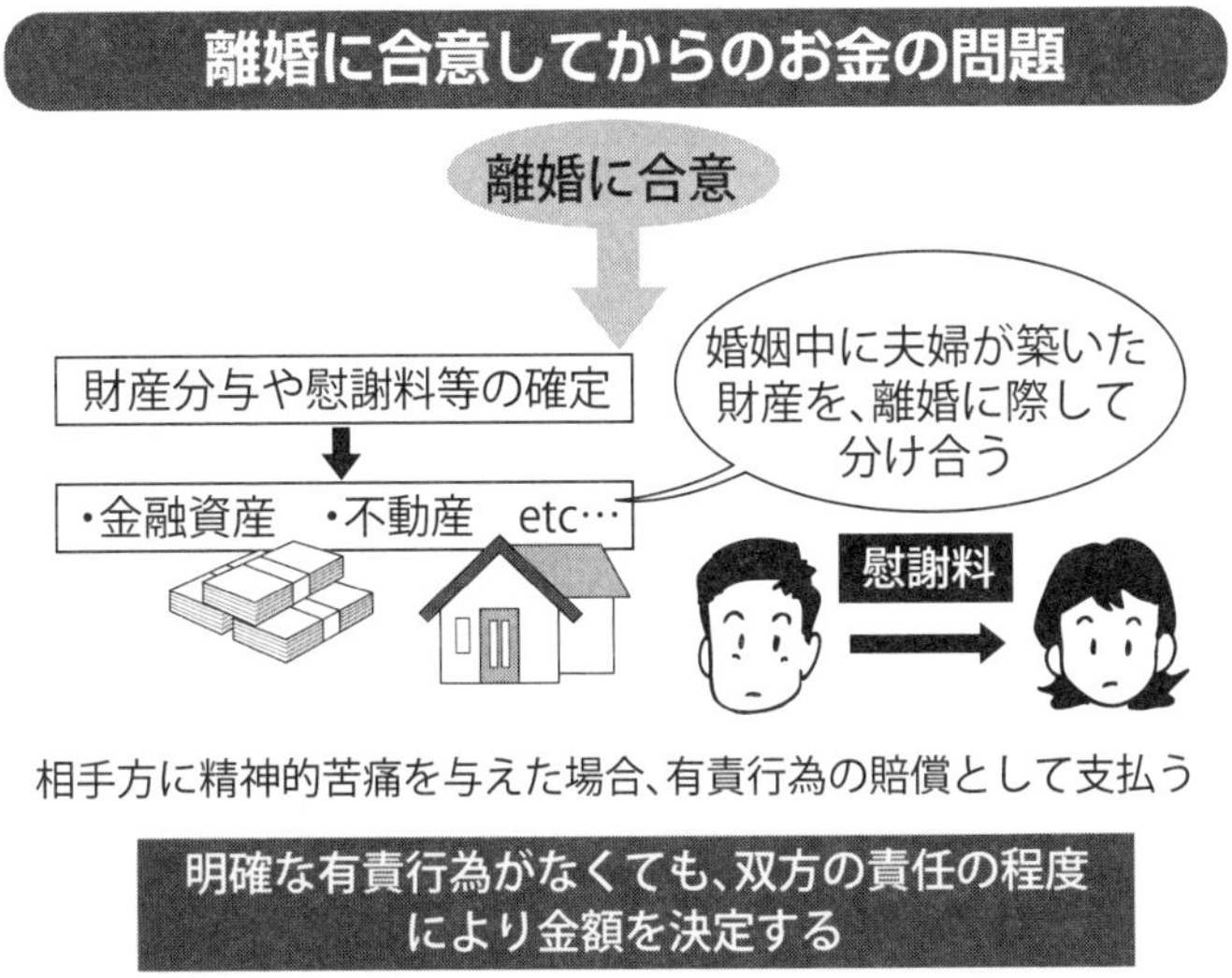
離婚に合意してからのお金の問題
離婚に合意
財産分与や慰謝料等の確定
・金融資産　・不動産　etc…
婚姻中に夫婦が築いた財産を、離婚に際して分け合う
慰謝料
相手方に精神的苦痛を与えた場合、有責行為の賠償として支払う
明確な有責行為がなくても、双方の責任の程度により金額を決定する

いずれにしても、慰謝料を支払う立場の人の離婚願望が強ければ強いほど慰謝料は高くなるでしょうし、支払われる側の離婚願望が強ければ強いほど慰謝料は低くなるということになります。

【養育費】　子どもの養育（衣食住・教育）に要する費用。子どもがいる夫婦では重大な問題です。子どもを育てる（引取る）親が、他方の親から受取ることが多く、その管理もする場合が多いので、夫婦の問題のように捉えられがちです。

しかし法的には子どもには「親から扶養を受ける権利」があるため、子どものために両親である夫婦が一緒に考えなくてはなりません。

ADVICE

離婚で決まるお金は調停委員、裁判官の説得に安易に妥協せず、つり上げ、粘り勝ちを狙う。

財産分与の意味と種類

清算的財産分与は離婚すれば基本的に請求できる権利

婚姻中の共有財産以外にも請求できるものがある

財産分与というのは、本来は婚姻中にお互いが築いた財産を精算することです。財産分与が意味する範囲はたいへんに広いですが、離婚すれば基本的に請求できる権利です。

【財産分与の種類】

●**清算的財産分与**　婚姻中の共有財産、実質的共有財産の精算

財産分与といえばほとんどがこのことです。結婚前の貯金・所有物、親の相続で得た財産は「特有財産」として一部の例外があるものの財産分与の対象になりません。

●**扶養的財産分与**　離婚後の弱者に対する扶養

離婚によって生活ができなくなる夫婦の一方の暮らしの維持が目的です。経済的に弱い立場の配偶者が、自立をするまでの援助として支給されるものです。基本的には、清算的財産分与も慰謝料

財産分与の種類

清算的財産分与

婚姻中の共有財産の精算

扶養的財産分与

経済的に弱い立場の配偶者に対する自立援助
（支払い期間は一般的に３年程度まで）

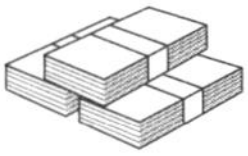

慰謝料的財産分与

離婚による慰謝料

■過去の婚姻費用の清算

婚姻費用の分担
（婚姻中に処理されず未払いの場合など 財産分与の中で考慮されることがある）

も請求できない、できたとしてもそれだけでは生活できないときに請求します。

●**慰謝料的財産分与**　離婚による慰謝料

最高裁判所は、財産分与に離婚による慰謝料を含めることができるとしていますが、精神的な損害に対して十分に補てんがされている場合は慰謝料を請求することはできません。

慰謝料的財産分与を含めて財産が分与されても、精神的苦痛に対して十分に補てんされていないと認められた場合には別に慰謝料の請求ができます。

■過去の婚姻費用の精算

多くは「婚姻費用分担請求」として処理されますが、未払いの場合、財産分与の中で考慮されることがあります。

ADVICE

財産分与は、隠されたり、使われたりして結局もらえなかったという人もいる。離婚の意思を相手に伝える前に財産を把握しておく。

財産分与の基本となる清算的財産分与

婚姻期間中に夫婦間で築かれたすべての財産が分与される

将来受取る退職金や借金も対象になり得るので注意！

清算的財産分与の範囲としては、婚姻生活に必要な家財道具、土地・建物などの不動産、自動車、預貯金、有価証券などが該当します。これらの共有財産に関しては、夫婦の協力の下で築かれたものと見なされますので、どちらか一方の収入だけで買ったとしても、共有財産とされます。しかし財産分与はその意味するところは広く、判断が難しい場合もあるので専門家の助言、サポートをお願いすることをおすすめします。

【清算的財産分与の対象となるもの】

- **結婚前からの預貯金や嫁入り道具として持ち込んだもの**　親から相続した財産、贈与された財産は、その対象にはなりません。
- **将来受け取る退職金**　興味深いことに一定の場合に清算的財産分与対象になり得ます。

清算的財産分与とされる一般的なもの

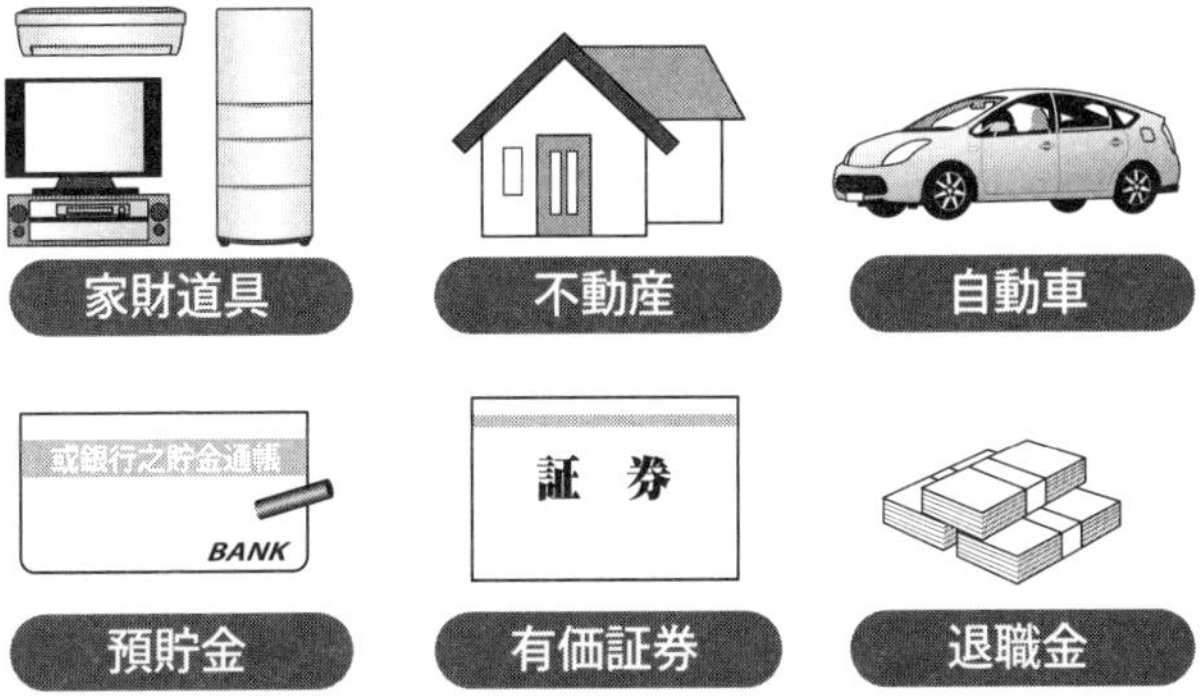

「婚姻中築かれたもの」が夫婦共有の財産と認められる

婚姻中に、一方の協力によってもう一方が仕事に従事し、その結果として将来、退職金が発生するという考えです。

●個人事業者と結婚していた人が離婚する場合

実質的には配偶者も個人事業の仕事を手伝うなどの貢献がある場合があります。その場合には、貢献度が考慮され、財産分与の対象となります。内助の功や財産を維持するために功績があったなど、かなり人的な配慮がなされています。

●一方が負った借金

それが夫婦の生活を維持するために必要な借金であった場合は、保証人などになっていなくても、マイナスの財産として財産分与の対象になります。自宅の住宅ローンなどはその典型例です。

ADVICE

勤めている会社の株や財形貯蓄などは、財産として見落としがちなので気をつける。

事前に対象財産をリストアップしよう！

金銭的価値がわかりやすいものは割切って交渉する

お互いの気持ちを確かめ合いながら、冷静に対処する

財産分与をするにあたり、行き当たりばったりで「あれが欲しい」「これをちょうだい」というのは得策ではありません。すべての対象財産をリストアップして冷静に検討しましょう。

ものによっては、金銭的な価値だけではなく、愛着のあるものや使い勝手のいいものなどもあるでしょう。まずは、自分の気持ちに正直に、チェックしていくとわかりやすいと思います。**実際に分与をするにあたっては、相手にもそれなりの希望があるでしょうから、お互いの気持ちを確かめながら、決めていくのが理想です。**

もちろん、現金、預貯金、有価証券など、金銭的な価値に基づいて分けやすいものは、クールに割り切って考えるべきところです。そのほうが、もめごとになりにくく、離婚後にトラブルが起きることもなくなります。

お互いの気持ちがぶつかり合うことも考えられますが、なるべく冷静にしっかりと対処をするように心がけます。

財産分与の交渉前にやったほうがいいこと

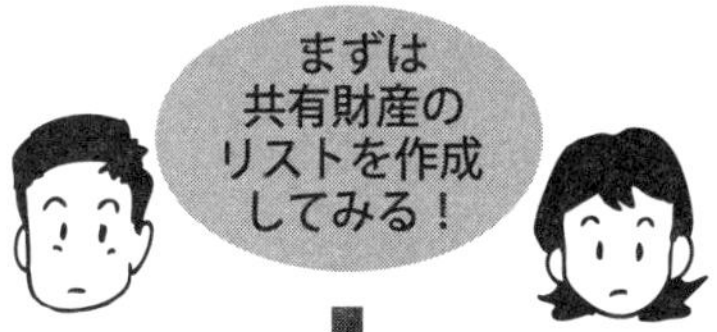

↓

1	現金		
2	預貯金　銀行		
3	預貯金　定期	○○○○○円	
4	○○　生命保険	○○○○○円	
5	△△　生命保険	○○○○○円	
6	不動産　土地	○○○○○円	
7	不動産　建物	○○○○○円	
8	自動車		
9	テレビ		
10	家具		
11	パソコン		

金銭的な価値がわかりやすいものは、冷静に見積もってみる

自分が欲しいもの、相手が欲しがりそうなものをチェックする

↓

どのように交渉を進めるか考えてみる

ADVICE
〝塵も積もれば山となる〟の精神で細かなものの財産も侮《あなど》れないので、リストは細かく出してみる。

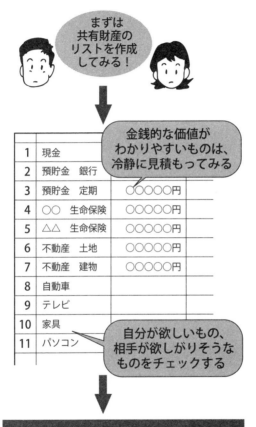

清算分与の割合に相場はあるの？

裁判所の分与基準を参考にして、割合を決めていくのが一般的

財産分与は専業主婦でも2分の1の割合が認められるようになった

財産分与の割合は、全財産を評価して総財産額が決まったら、あとは双方でどのような割合で分与するかという問題になります。

裁判所での分与は、「寄与度説《きよどせつ》」といって、夫婦がどれくらい共有財産の形成に寄与したかを評価します。

ただ、一般的には夫婦の収入の差は「寄与度」の差とならず、2分の1程度とされます。

かつては専業主婦だと3分の1程度の割合しか認められていませんでしたが、現在では専業主婦であっても2分の1の割合を認められることが多くなっています。

ただし、一方の配偶者がその特別な技能によって高額な収入を得ている場合には、寄与度を考慮して相手方配偶者の割合が3分の1以下になることもあります。

夫婦の形態によって清算はどう変わる？

共働き夫婦の場合

夫婦の収入の差が寄与度の差とならず、原則として２分の１とされる例が多い。実際に働いて得た収入に極端な差があるような場合、能力に著しい差がある場合、実働時間に極端な差がある場合には、具体的な寄与度に応じて割合が決まる

夫婦で家業に従事する場合

家業の営業にどれだけ寄与しているか、具体的な寄与度に応じて割合が決まるが、２分の１とされる例が多い。自営業で、事業の運営が夫の手腕であるなどの場合には妻の寄与度は２分の１以下としたものもある

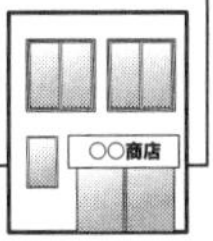

専業主婦の場合

実際の裁判例では、家事労働の財産形成への寄与度により判断され、一般的に２分の１の寄与度が認められることが多くなっている

ADVICE プラスの財産だけでなく、家を売買した際の登記費用、家を出る際の引っ越し代金などの経費も算出して条件を決める際に話し合う。

不動産分与をするときのポイント

評価額の算出には、市場価格を目安とする

不動産分与は売却して現金で分けたほうが問題が起こらない

不動産の評価額は、不動産鑑定士に依頼すれば正確な数字が出ますが、鑑定に要する費用もかさみますので、中古不動産の転売を取り扱う不動産業者に、売却した場合の価格の見積りを出してもらう方法もあります。

一般的には客観的に見て合理的と思われる通常市場価格などが目安にされます。

現物のまま土地や建物を分与する場合は、所有権または共有持分の移転登記手続き（名義変更）をします。その手続きには、費用がかかるので、その費用をどちらが負担するのかも決めておきましょう（原則、分与を受ける側が登記手続き費用を負担します）。

ただし、**不動産による財産分与で、とくに離婚後も共有状態を残す形の財産分与はトラブルになりがちです。できれば、売却して現金で分けたほうが無難だといえます。**

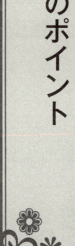

不動産の分与でポイントになること

不動産の評価を行なう場合

■ **市場価格を目安とする**

地元の不動産業者の無料簡易査定を利用するなど（無料の場合が多い）

■ **正確な評価額を知りたいとき**

不動産鑑定士に依頼する（費用を必要とする）

不動産を現物で分与する場合

所有権移転登記手続き（名義変更）をする
（不動産の所在地を管轄する法務省に提出）

【提出書類】

- **所有権移転登記手続申請書**
- **離婚協議書（登記原因証明情報）**
- **登記済証（登記識別情報）**
- **印鑑証明書１通（分与する側）**
- **固定資産評価証明書１通**
- **住民票１通（分与される側）**

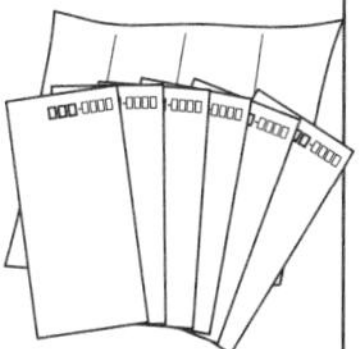

※代理申請する場合には委任状を申請者に渡す
※対象となる物件によって費用は異なってくる

ADVICE ローンの残った不動産を分けたり、受取るときに残るローンの名義を同じ銀行では変えてもらえないことが多い。その場合は別の銀行で借り換えるとよい。

財産分与に必要な書類と手続き

法的に拘束力のある公正証書として、確実に支払われるようにする

支払いは一括払いか、初回の支払い設定を多くするのがベスト

離婚に際して財産分与を行なう場合、支払い金額、支払い期間、支払い方法について具体的に決めておく必要があります。財産分与を確実に受け取るためには、一括払いが一番です。分割払いにする場合には、初回の支払い金額をできるだけ多く設定するようにします。

当事者間で話し合って取り決めたことは、離婚協議書などの合意文書として書面に残しておくようにします。しかし、個人の合意文書だけでは法的な強制執行力はないので、合意内容を「強制執行認諾約款付き」の公正証書にしておきましょう（71ページ）。

また、夫婦間の協議で決まらない場合、離婚前であれば、離婚調停や離婚の訴えの中で協議・裁判してもらうことになります。離婚後であれば、家庭裁判所に「**財産分与請求**」の調停を申立てます。調停が不成立であれば、手続きは移行して審判になります。

財産分与の書面・手続き

「実際の分与をどのようにするのか」
を取り決める

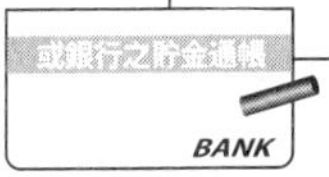

受け取りを決める際のポイント

- 一括で処理してもらえるようにする
- 分割の場合でも、初回を多くしてもらう

合意内容は明確にしておく

最低でも
「離婚協議書」の中に
合意内容も盛り込む！

↓

できれば 公正証書 を作成
（強制執行認諾約款付き）

ADVICE お金でもめているときは、先に離婚だけ成立させてあとから財産分与の話し合いをしてはダメ。あとから決めるともらえる額が減る可能性があるので同時に進行することが望ましい。

扶養的財産分与が検討されるとき

離婚後の自立した生活に不安がある配偶者への分与

高齢、病気、子どもの監護も対象になる

扶養的財産分与とは、清算的財産分与の対象となる財産がなかったり、極《きわ》めて少ない場合に例外的に検討されます。この場合、自分の生活収入で生活できるまで何年かかるか、その間の生活費としてどのぐらい必要かを離婚前の生活費を参考にして考えます。

扶養的財産分与が認められる理由としては、経済的自立の援助のほかに、高齢である、病気である、子どもの監護のためなどがあります。子どもの監護を理由として認められる場合は、子どもを監護することで本人の経済的自立が困難になるため、扶養が必要であると判断されるからです。

精神疾患などを負った配偶者への扶養的財産分与では、その配偶者が死亡するまでというかなり長い期間の支払いが命じられることもあります。

清算的財産分与ができなくても、扶養的財産分与では分与の義務を持つ配偶者に扶養能力がある

かどうかが問題となるため、その配偶者が持つ財産が対象となります。

財産分与の義務があっても資産がない場合には、認められないこともあります。

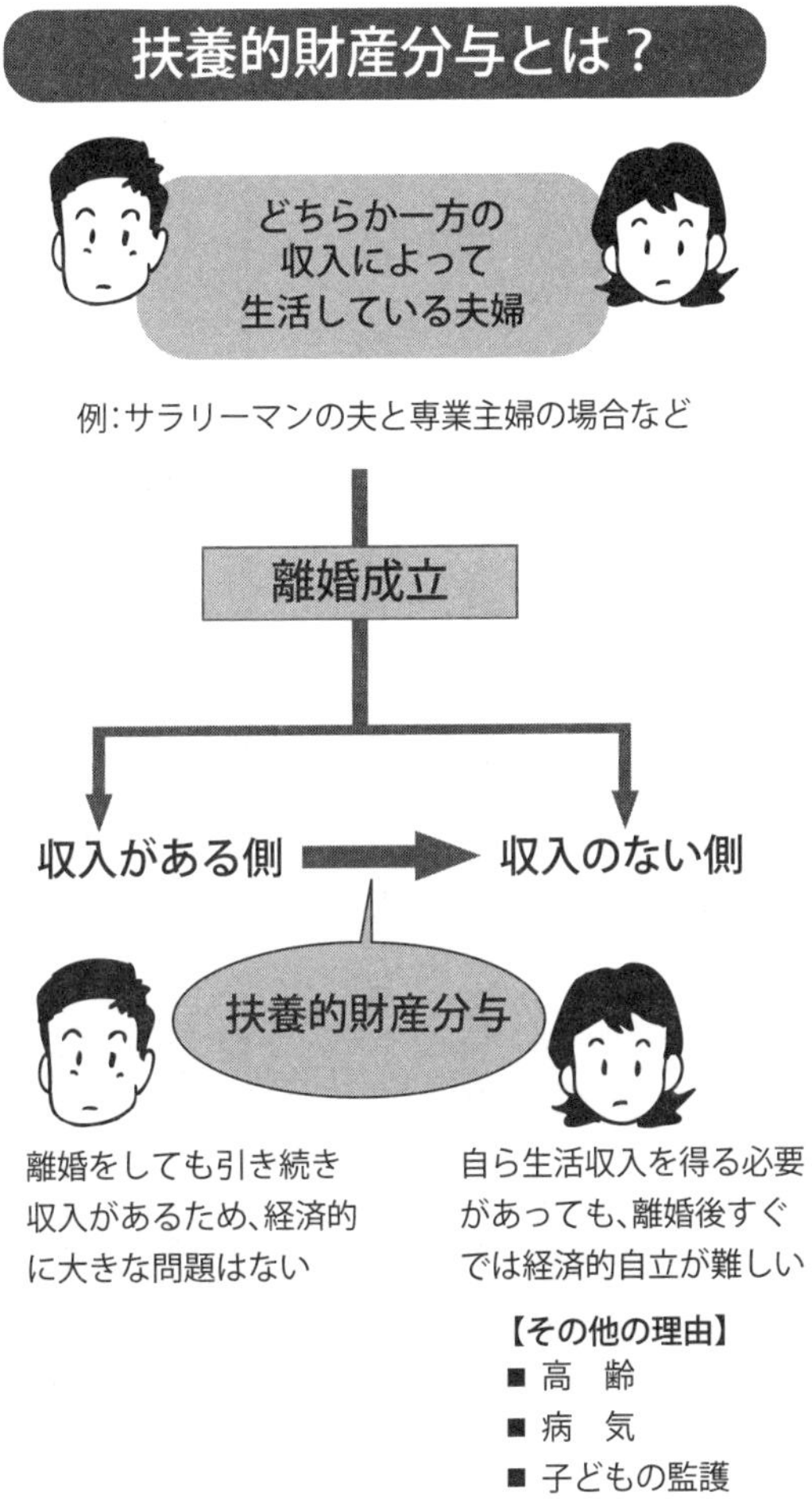
扶養的財産分与とは？
どちらか一方の
収入によって
生活している夫婦
例：サラリーマンの夫と専業主婦の場合など
離婚成立
収入がある側
収入のない側
扶養的財産分与
離婚をしても引き続き
収入があるため、経済的
に大きな問題はない
自ら生活収入を得る必要
があっても、離婚後すぐ
では経済的自立が難しい
【その他の理由】
■ 高　齢
■ 病　気
■ 子どもの監護

ADVICE

扶養的財産分与がもらえているケースは、離婚で泥沼化しない人です。こちらが下手《したて》に出て能力を低く見せたり、相手が同情してくれたときに受け入れられるケースが多い。

「離婚すれば慰謝料がもらえる」は間違い

精神的な苦痛に対する賠償。3年という請求期限に注意する

性格の不一致だけでは慰謝料を請求できない

慰謝料とは、精神的な苦痛を与えた者に対する損害賠償です。離婚の場合の慰謝料は、離婚原因である有責行為(不貞、暴力など)をした者に対する損害賠償請求です。

ただし、どんなに傷ついたとしても、相手の収入・婚姻期間なども考慮されますので、誰もが高額の慰謝料をもらえるということはありません。

また、慰謝料は離婚をするからといって必ず発生するものでもありません。**慰謝料を請求できない例としては、夫婦双方に離婚の原因がある、性格の不一致による離婚などといったものになります。慰謝料の請求期限は離婚成立から3年以内となります。**離婚の手続きや騒動が一段落してから請求することも可能なのですが、期限が過ぎたり、さらなるもめごとに発展する可能性があるので、できれば離婚時にすっきりさせたほうがいいでしょう。

慰謝料が発生するケース・発生しないケース

慰謝料

精神的な苦痛に対する損害賠償請求には
離婚成立から**3年**という期限がある

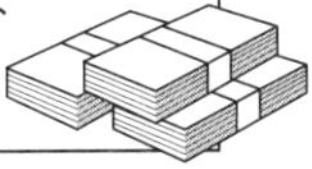

慰謝料が認められる離婚事由

- 相手の浮気や不倫 ……………… **不貞行為**
- 相手からの肉体的・精神的暴力 ……… **暴力行為**
- 生活費を渡さない、家にほとんど戻ってこないなど ……………… **悪意の遺棄**
- 通常の性交渉の拒否　etc.

慰謝料が認められない離婚事由

- 正確の不一致
- 有責行為の責任が双方にある
- 家族・親族との関係が良くないことから離婚に至った
- 事実上、夫婦関係が破綻してからの不貞行為

ADVICE こちらがどんなに傷ついたから慰謝料をといっても、証拠がなければ相手も同じことを言ってくるケースが多いので痛み分けで慰謝料はもらえないことが多い。

慰謝料の「相場」はどれくらい？

ケースにより金額は異なるが、相手の支払い能力によって決まる

高額請求は避けて一括支払いで確実に受取れる金額を！

離婚原因で慰謝料の対象となるのは、民法７７０条の離婚を求める事由を基準に考えられています。左ページのように慰謝料には標準的金額はありますが明確な算定方法や算定基準がないので、離婚に至るまでの責任の大きさ、一方が受けた精神的ダメージの大きさなどを考慮し、また相手が支払える金額に考えあわせて請求をすることになります。

家庭裁判所の算定方法はさまざまですが、基本的には、離婚に至る原因の所在、責任の割合、婚姻期間などに資産・収入を鑑《かんが》みて決めるという方法を採用しています。

離婚が裁判にまで発展した場合でも、慰謝料の金額はかなり幅がありさまざまです。慰謝料を請求するときは、やたらと高額を請求しても仕方がなく、確実に受取れる金額を算定して、できるだけ一括で受取れるようにしたほうがいいでしょう。

慰謝料の標準的な金額

慰謝料　**100〜500万円**

不貞の回数、期間、不貞の相手方に子どもができた、不貞を働いた相手から性病をうつされた、精神的苦痛（心労による流産、自殺未遂、ノイローゼなど）、不貞に至った経緯などを考慮の上、増額される

悪意の遺棄　**50〜300万円**

同居義務違反（別居期間、別居に至った経緯、別居状態解消の努力や精神的苦痛）、協力・扶養義務違反（生活費を入れない、借金などの経済的責任の放棄）といった事由が考慮され増額される

精神的虐待・暴力　**50〜500万円**

精神的虐待・暴力の状態、それに至った経緯、継続性、回数、それによる苦痛の程度、怪我や障害・後遺症の程度などを考慮して決められる

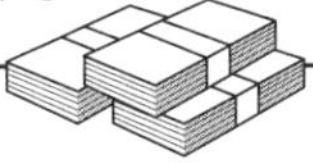

約９割が協議離婚の日本では、慰謝料の支払いに関しても、当事者間で交渉をすることが多いので、きちんと話合おう！

慰謝料の算定要素

- 離婚に至るまでの責任の大きさ
- 精神的な苦痛の度合いや期間
- 支払う側の社会的地位や経済力

裁判に進んだ場合には、証拠があると請求に有利になる

- 相手からの暴力や不倫の証拠
  （暴力を受けた際の診断書や、不倫相手との手紙・領収書・通話記録など）
- 自分が記していた日記
  （暴力や外泊の日付、時間、行為の詳細など）

ADVICE　慰謝料は多くもらいたい側と払いたくない側の間をとることが多い。相場より高くを申立てたり、低いと抵抗したりするのは当然のことと思って交渉にあたる。

不倫相手にも慰謝料を請求できる！

離婚原因を作った第三者に対して損害賠償の請求が可能

不倫相手に対する慰謝料請求はまずは内容証明郵便で

慰謝料は、普通は配偶者に対して請求するものですが、状況によっては、配偶者以外に請求することもあります。

●不貞の相手に対する慰謝料請求

不貞の相手は、「貞操保持期待権」を侵害し精神的苦痛を与え、それが原因で婚姻関係を破綻させ、耐えがたい苦痛を味わわされた先方の配偶者に対して、その責任を負わなければならないのです。

●不貞以外の離婚原因を作った第三者に対する慰謝料請求

夫婦関係の状況や、第三者の意図、行為の状態など、調査の上で判断することになります。

ですから、配偶者が浮気をしたら、損害をこうむった配偶者は、不貞の相手に対して婚姻関係を破綻させられたことに対する精神的苦痛の慰謝料として、損害賠償の請求が考えられます。

離婚相手以外への慰謝料の請求

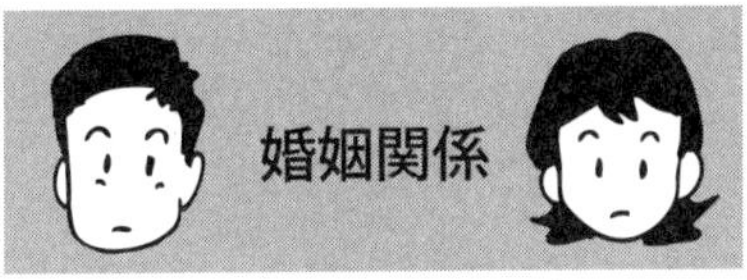

婚姻関係を破綻させられたことへの損害賠償を請求できる

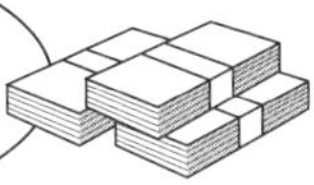

不貞関係
貞操保持期待権の侵害

不倫相手に対する慰謝料請求の手続き

まずは **内容証明郵便** を送付し、慰謝料を請求してみる

↓ 応じない場合

裁　判

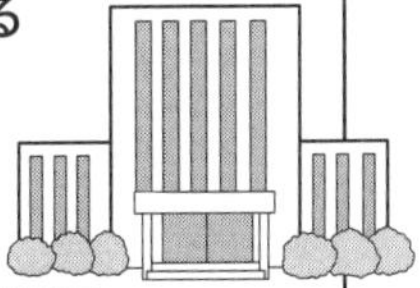

- 請求額が **140万** 円未満 → **簡易裁判所**
- 請求額が **140万** 円以上 → **地方裁判所**

ADVICE 不倫相手に慰謝料を請求するとき、今後一切会わないなら額を低くしてやり、再度同じことをしたらその分も請求するとメリハリをつけた約束をすると、効果的なこともある。

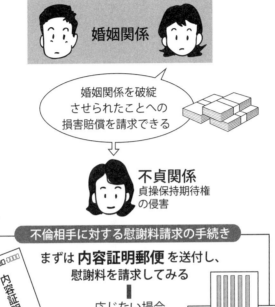

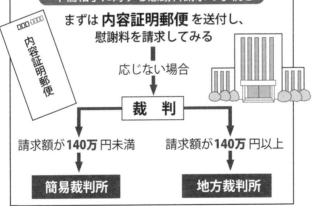

財産分与や慰謝料にも税金がかかる!?

非課税のものでも分与金額が多過ぎると課税される

支払う側・受取る側・双方に税金がかかる場合も

財産分与の額が、夫婦が協力して得た婚姻中の財産の額や社会的地位から見て、夫婦共有財産の清算として相当な額であれば贈与税は一切かかりません。

【課税、非課税の実例】

●**支払う側**　現金で支払う場合には課税されませんが、現金以外の物、例えば不動産で分与する場合には、「**譲渡所得税**」という税金がかかる場合があります。ただし譲渡所得税は特別控除を受けることができ、実際は不要なケースが多いようです。また株式、ゴルフの会員権などを譲渡した場合にも課税されます。

●**受取る側**　財産分与を現金で受け取る場合には、所得税も贈与税もかからないのが原則です。しかし次ページの例外のような場合には課税されることもあります。

不動産を譲渡される側は、譲渡されたあとで**不動産取得税**と**登録免許税**、**固定資産税**がかかります。ただし不動産取得税は、財産分与が夫婦共有財産の清算を目的とした場合などは減免の対象となることもあります。

【慰謝料】 慰謝料は、損害賠償金またはそれに類するもので、心身に加えられた損害などに起因して取得されるものとして、所得税法では金銭で支払われる場合は、支払う側も受け取る側も非課税とされています。

ただし、前述のように土地や建物を処分して慰謝料を支払う場合には、支払う側に譲渡所得税が、受け取る側には不動産取得税の負担がかかることがあります。

【例外的に贈与税の対象となる場合】

●財産分与でも慰謝料でも社会通念上、妥当な金額を超えていれば、その超えた部分の金額は贈与とみなされて贈与税の対象となる場合もあります。

●贈与税を免れるために離婚を手段として財産が譲渡された場合（偽装離婚）は、贈与があったとみなされて贈与税がかかります。

●発生する税金を親などに支払ってもらうと、親からの贈与を受けたとして、贈与税が課せられることもあります。

財産分与・慰謝料にも課税される

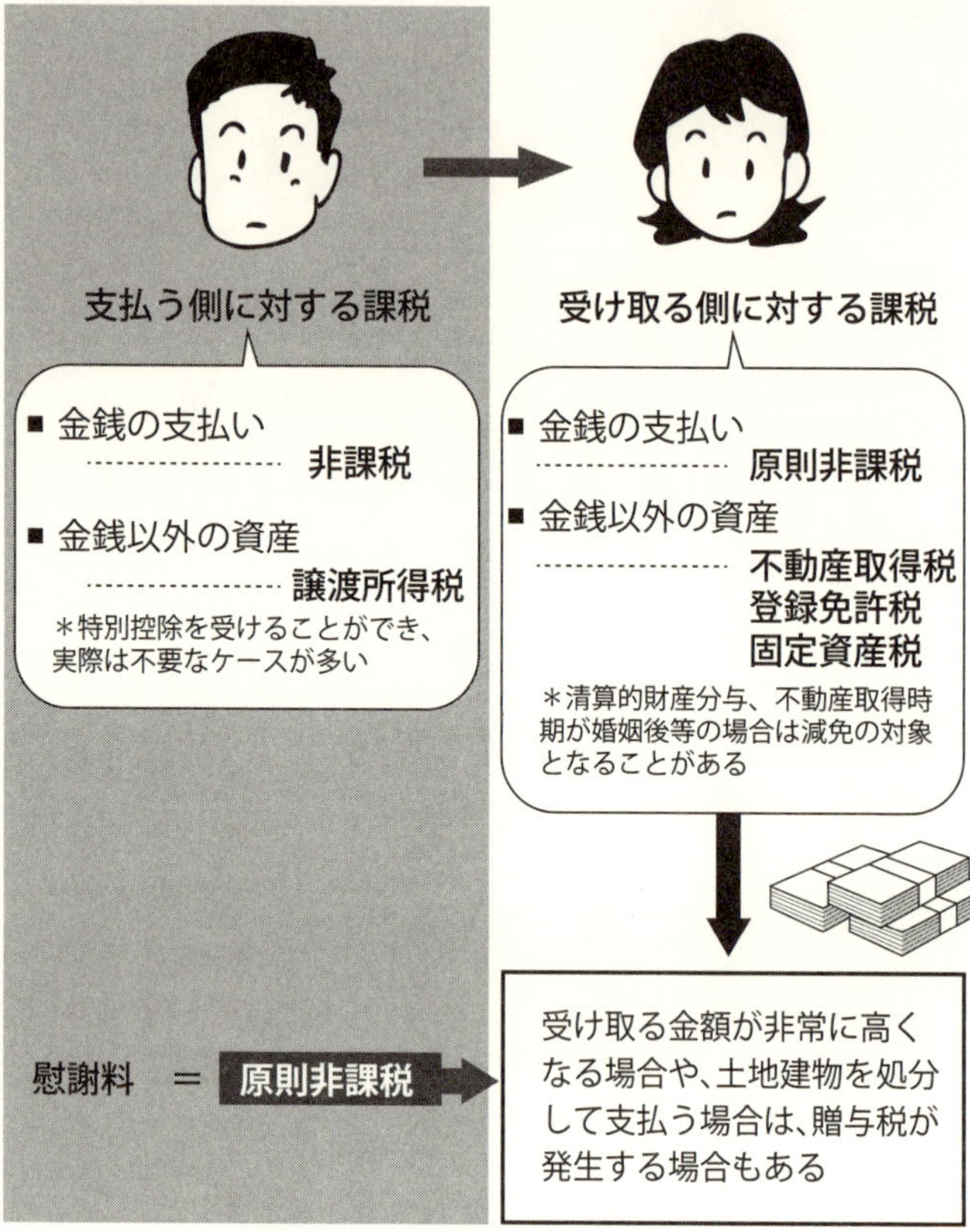
支払う側に対する課税
■ 金銭の支払い
非課税
■ 金銭以外の資産
譲渡所得税
＊特別控除を受けることができ、実際は不要なケースが多い
受け取る側に対する課税
■ 金銭の支払い
原則非課税
■ 金銭以外の資産
不動産取得税
登録免許税
固定資産税
＊清算的財産分与、不動産取得時期が婚姻後等の場合は減免の対象となることがある
慰謝料 ＝ 原則非課税
受け取る金額が非常に高くなる場合や、土地建物を処分して支払う場合は、贈与税が発生する場合もある

※財産分与・慰謝料に対する課税は、非課税である場合が多い

POINT いろいろ複雑なケースがあるので、税金のことは税理士や税事務所で、前もって自分のケース例で相談しておくとよい。

居住用不動産の財産分与について

居住用不動産の財産分与（１）……財産分与として渡す場合

居住用不動産については譲渡所得について「3000 万円の特別控除」と「居住用不動産の軽減税率適用」があるので、財産分与として居住用の不動産を譲渡した場合もこの特例が適用される。この特例を受けるためには、親族以外への譲渡が要件となっているので、離婚して親族ではなくなった後に財産分与として不動産を渡す必要がある

※居住用不動産の譲渡の 3000 万円の特別控除（売却利益が 3000 万円以内の部分は無税）

※所有期間が 10 年を超えていれば居住用不動産の軽減税率適用の特例を受けることができる

居住用不動産の財産分与（２）…財産分与のために売却する場合

居住用不動産については、譲渡所得について「3000 万円の特別控除」と「居住用不動産の軽減税率適用」がある

居住用不動産の財産分与（３）…婚姻期間が 20 年以上の夫婦の場合

婚姻期間が 20 年以上の夫婦の場合、居住用不動産を贈与しても引き続き居住するときは、基礎控除 110 万円のほかに 2000 万円の配偶者控除があるので、2110 万円までは非課税となる

※婚姻期間が 20 年以上の場合、離婚前に 2000 万円に相当する不動産を贈与し、離婚後に残りの持分を財産分与すれば、税金を払わずにすむ場合もある

居住用不動産の財産分与（４）………ローン付居住用不動産

住宅の時価から、分与時のローン残債を差し引いた残りの額が財産分与の対象になる

※例：住宅の時価が 5000 万円で、夫名義の住宅ローンが 3000 万円残っていたとすると、5000 万円から 3000 万円を差し引いた残りの 2000 万円が財産分与の対象となる。寄与度が２分の１とすると、夫婦それぞれの財産分与額は 1000 万円ということになる

財産分与と慰謝料には請求期限がある

離婚後だと期限が過ぎて請求できないこともある

退職金は支給された時点で分与すると決めることもある

【財産分与請求のできる期間】　離婚の成立日から2年以内と決まっています。期限の2年が過ぎると権利が消滅してしまうので、それまでに請求しなければなりません。また、妻が専業主婦で夫が長年勤めた会社から退職金を受取る場合、妻の長年の協力によって得られるものと考えられ、この退職金（婚姻期間に対応する部分）は財産分与の対象になり得ます。離婚が先に成立しても、退職金が支給された時点で分与すると決めることもあります。

【慰謝料請求のできる期間】　不法行為にもとづく損害賠償請求権ですから、離婚が成立した日から3年を経過したら、慰謝料は請求できないことになります。

離婚の成立日とは、協議離婚では離婚が受理された日、調停離婚では調停が成立した日、裁判離婚では判決が確定した日です。

財産分与・慰謝料が請求できる期間

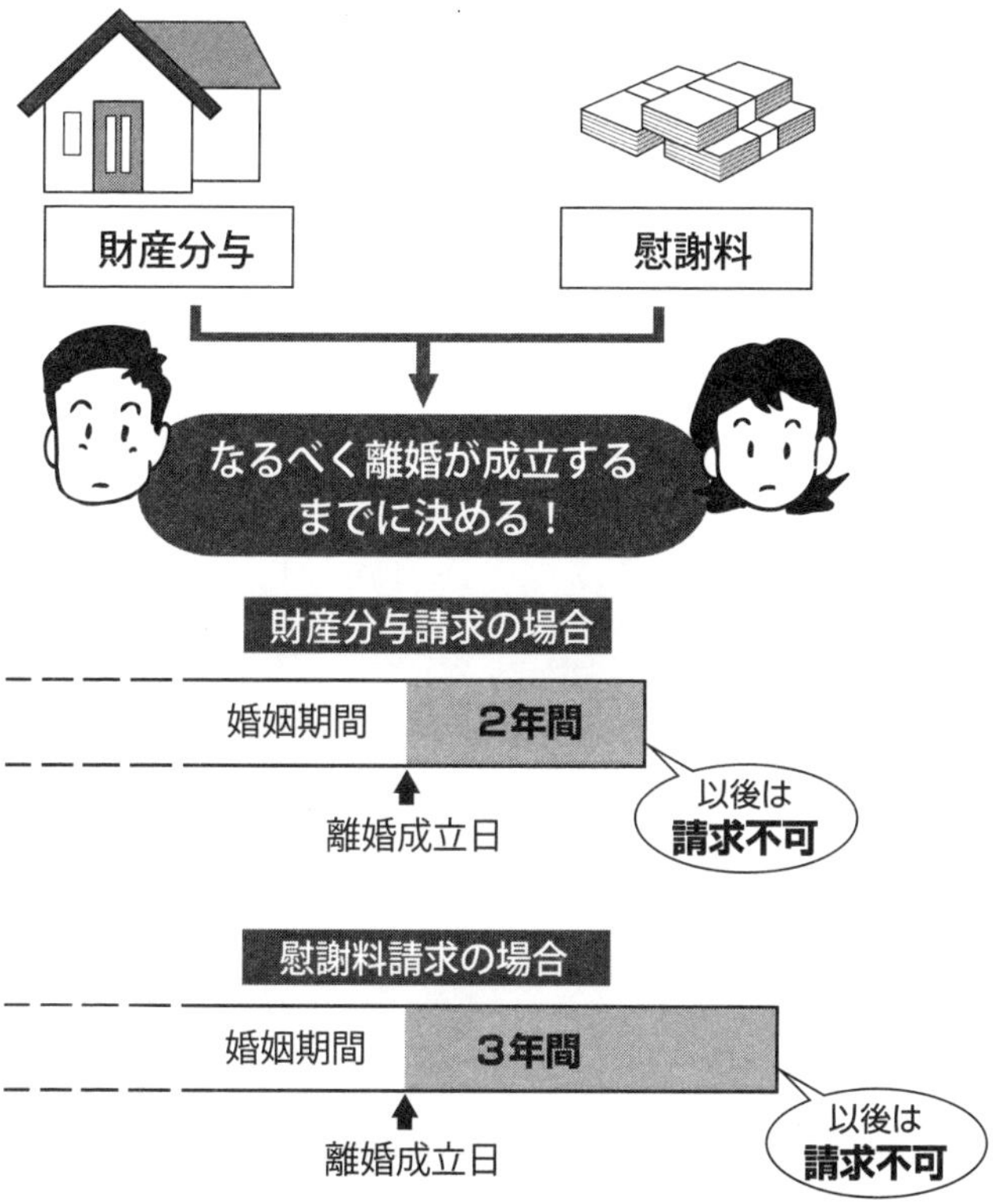

離婚成立日とは

- 協議離婚……離婚届が受理された日
- 調停離婚……調停が成立した日
- 裁判離婚……判決が確定した日

ADVICE 期限内に内容証明を出しておくと、半年間延長できる。もう期限切れだと簡単にあきらめない。

婚姻期間中の厚生年金保険料が分割可能に

不公平感があった厚生年金の分割配分が平成19年4月より変わった

年金分割制度で熟年離婚ブームを起したこともある

平成19年3月末までは、離婚した場合、それまで夫を支えてきた妻は、自分が加入していた分の国民年金やわずかな厚生年金しか受け取ることができず、不安定な生活を余儀《よぎ》なくされていました。夫が厚生年金加入者で、妻が専業主婦の場合、この妻を「3号被保険者」といいます。一方で、厚生年金に加入していた夫は、応分の年金を受け取ることができたわけです。

それが平成16年度の法改正により、婚姻期間中の厚生年金を夫婦間で分割できるようになりました。

年金の分割対象となるのは、公的年金のうち厚生年金と旧共済年金（平成27年10月に、旧共済年金は厚生年金に一元化されました）です。配偶者の仕事が自営業で国民年金だけに加入していた方は、年金分割の対象になりませんでした。

さらに、平成19年4月以降に離婚が成立した場合について、婚姻期間中に夫婦が加入していた厚生年金の保険料納付記録合計の半分を限度に、多いほうから少ないほうに分割することが可能になりました。婚姻期間中に支払った保険料は、夫婦が共同で納めていたものとみなしたのです。熟年離婚という言葉をブームにまで押し上げた、年金分割法の実施です。

ただし、夫婦間の合意か裁判所の決定が必要でした。

分割の対象となる期間は、婚姻期間中であれば平成19年4月以前の期間も分割の対象になります。

若い世代のための年金折半制度

平成20年4月以降に離婚した場合、平成20年4月以降、第3号被保険者であった期間は、一方からの請求のみで厚生年金の保険料納付記録を折半することができるようになりました。

平成20年3月までの分は、夫婦間の合意か裁判所の決定が必要になりますが、第3号被保険者に対しては、平成20年4月以降の分は、自動的に分割されるということです。

ここで注意してほしいのは、この制度で対象になるのはあくまでも平成20年4月以後に加入していた期間にのみ有効なのです。この制度の効力が威力を発揮するのはこれから長く年金をかける人、つまり若い世代の人のための制度といっていいでしょう。

年金の種類の分割の対象年金

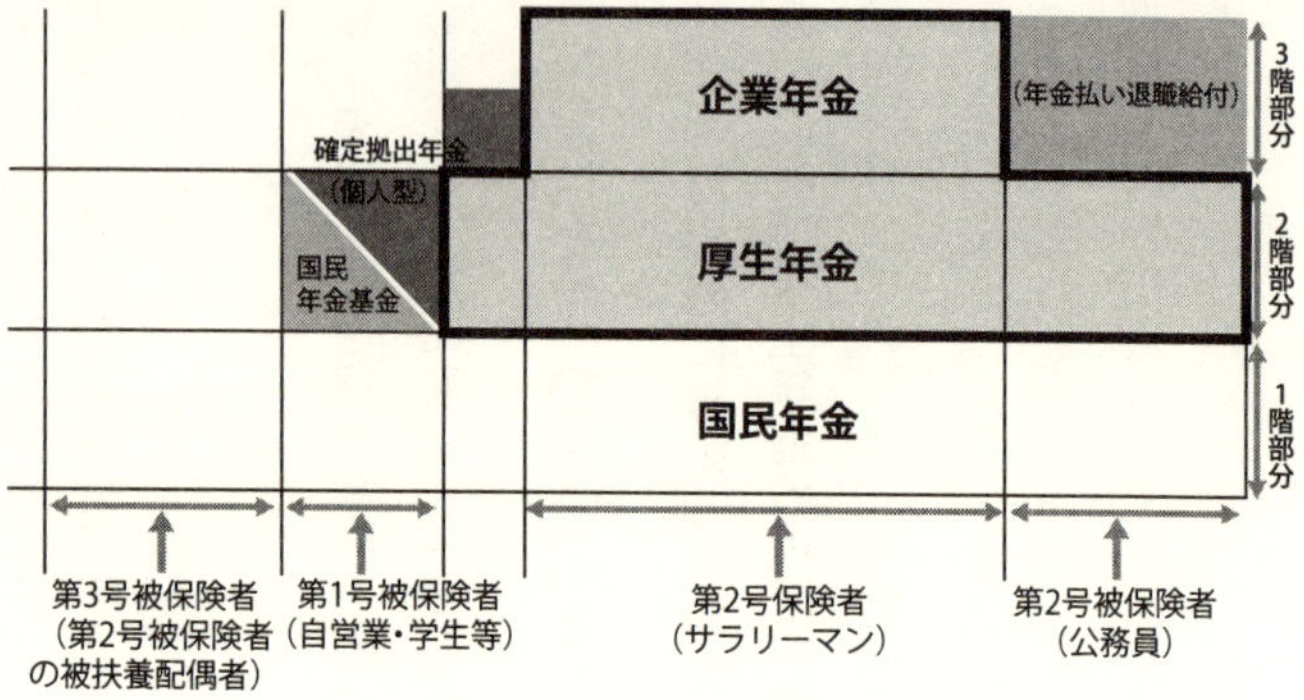

※太字で囲まれた部分が年金分割の対象になります

年金の種類

国民年金	日本国内に住む20歳以上、60歳未満のすべての人が加入する年金
厚生年金	サラリーマン、公務員が国民年金に加えて加入する年金。給料天引きで納付する
企業年金	各企業が独自に運営、社員に対して支給する年金

■ **年金分割の対象者**

・サラリーマンと配偶者・公務員と配偶者

■ **年金分割の非対象者**

・自営業者と配偶者

年金分割とは？

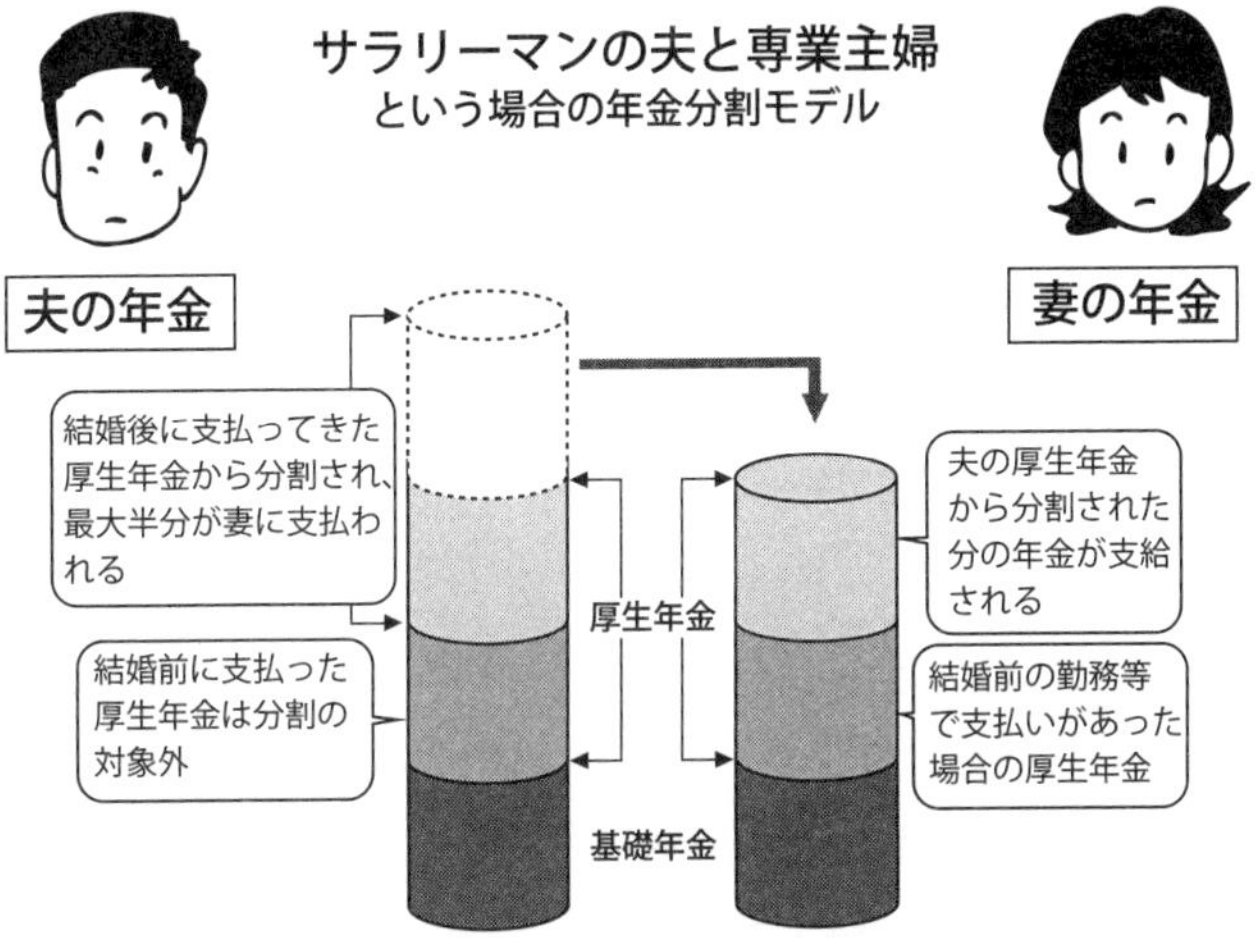

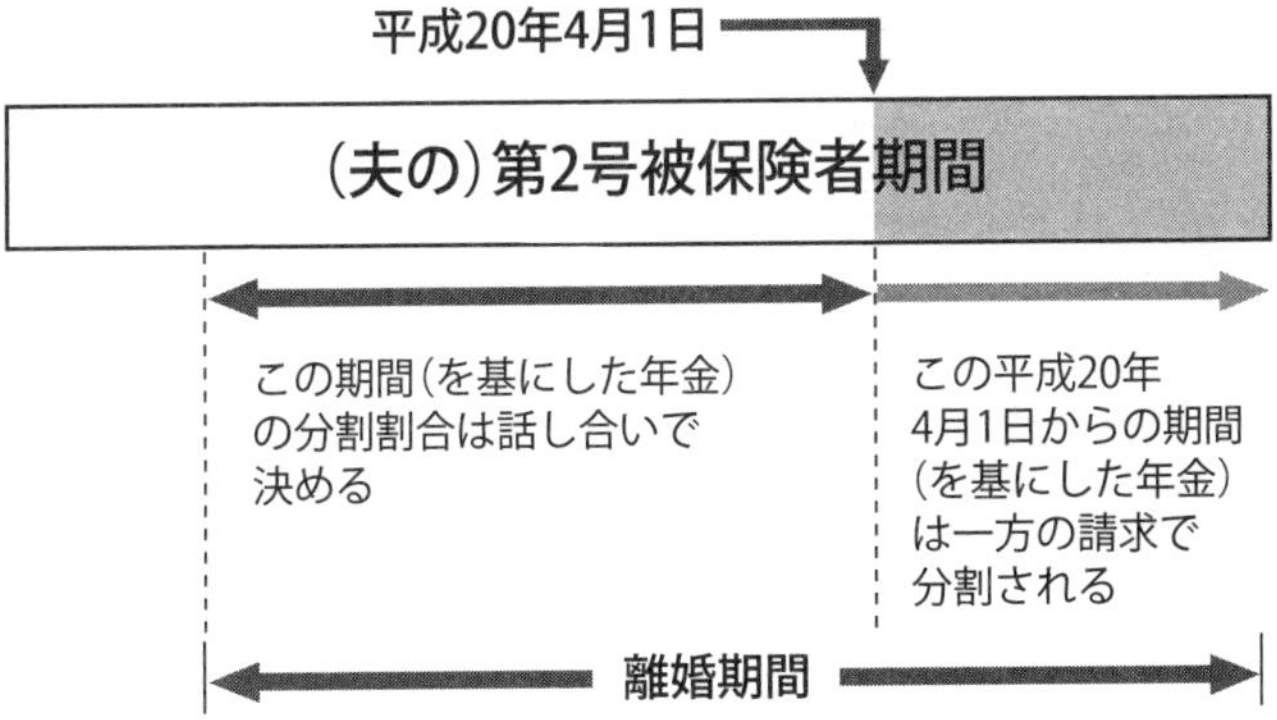

ADVICE 勝手な解釈や計算違いもあるので、自分がもらえるであろう年金額を年金事務所や相談センターで前もって聞いておく。

別居期間の生活費も請求できる？

別居期間中であっても相手の生活の面倒を見る義務がある

子どもの生活費は理由を問わず請求できる

婚姻費用分担については126ページでお話しした通り、別居すれば相手の生活費の面倒を見なくてよいというものではありません。**離婚問題が起き、夫が生活費を入れなくなったことで、あるいは冷却期間を置くために、あるいは夫からの暴力を避けるために別居することがあります。このような場合の生活費の一部を「婚姻費用」として請求できます。**したがって、一方に収入がない場合などは、他方は婚姻費用の分担として生活費などを負担することになりますが、破綻の程度、別居ないし破綻に至った有責性の程度に応じて、減額されることもあります。

【婚姻費用の分担請求】　相手が生活費をくれないときに行なう家庭裁判所への申立て

子どもの生活費については、子どもに対する義務として理由を問わず、生活保持できる程度を支払わなければなりません。また、一方が異性のところに入り浸って生活費をよこさないという場合には、双方の収入に応じて裁判所が相当と認める婚姻費用の請求が認められます。ただし、一方が不貞行為をして別居しておきながら生活費の請求をするというように、請求者に一方的に責任がある場合には、請求は認められないこともあります。

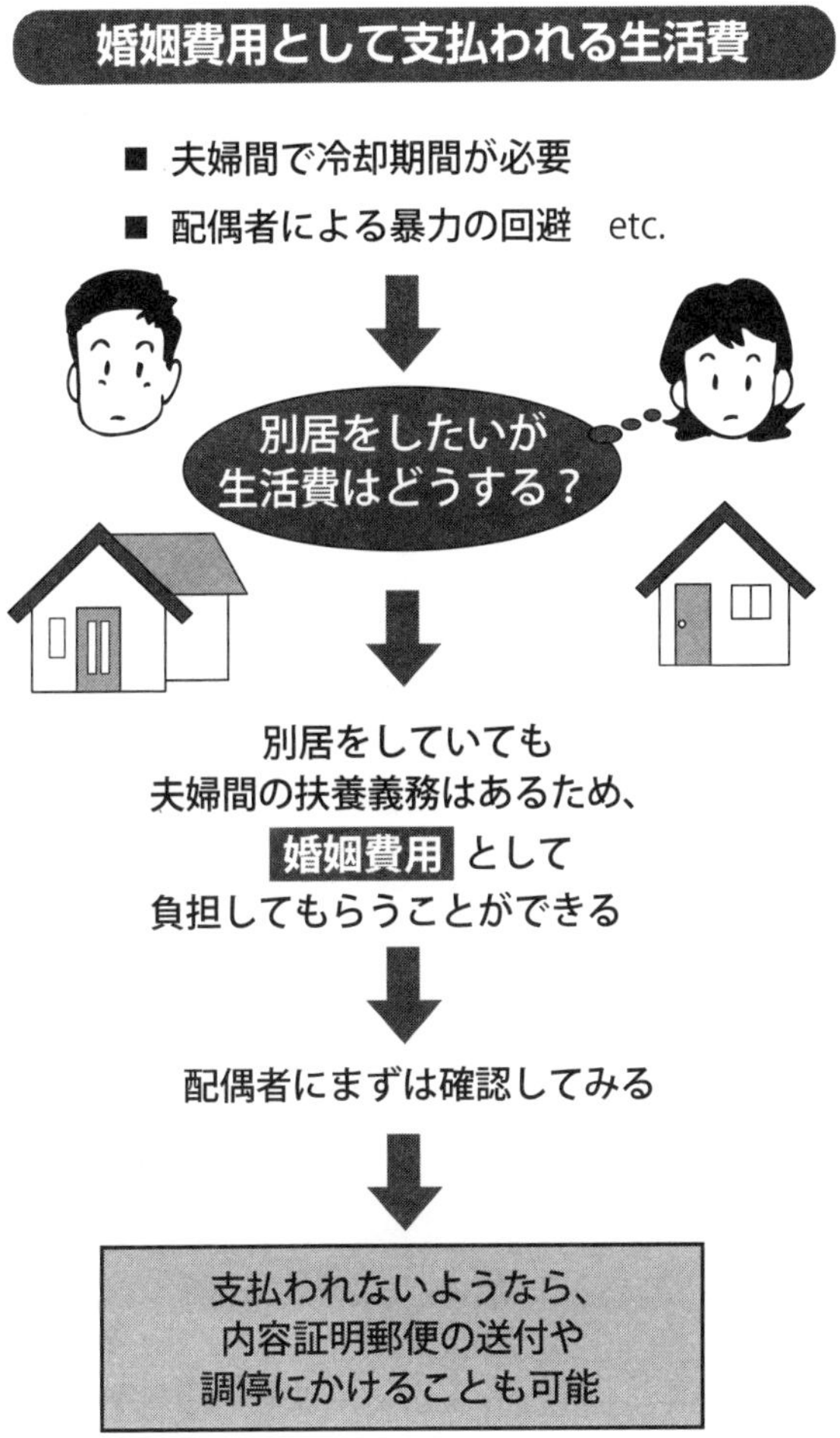
婚姻費用として支払われる生活費
■ 夫婦間で冷却期間が必要
■ 配偶者による暴力の回避　etc.
別居をしたいが
生活費はどうする？
別居をしていても
夫婦間の扶養義務はあるため、
婚姻費用 として
負担してもらうことができる
配偶者にまずは確認してみる
支払われないようなら、
内容証明郵便の送付や
調停にかけることも可能

ADVICE

婚姻費用の分担請求は一般的に申立てたその月からの分が決定後まとめてもらえるので、早く行動するのが得策。

決まったお金を取り損ねないために！

相手が逃げる可能性まで考えて、必要な手続きをとっておく

強制執行力のある公正証書を作成しておく

協議離婚の場合でも、少なくとも「離婚協議書」を取りつけることが大切です。それも、単に個人的な約束書きではなく、多少お金がかかっても、強制執行認諾約款付きの公正証書を作成すべきです。

どのような支払いでもそうですが、最初は支払う気がある人でも、離れて住んでいるうちに責任感や、切迫した気持ちが薄れていくことはありがちです。ましてや再婚して新しい家族ができると、そちらを大切にしてしまうものです。お互いのために、しっかりした約束を取りつけることは必須だと思ってください。

調停離婚、審判離婚、和解離婚、裁判離婚の場合には、それぞれに調書や審判、判決文が残りますので、強制執行力があります。

このように約束を取りつけた上でも、受取るべきお金が支払われなかった場合には、当然支払いの請求をします。ただし、逃げられてしまう可能性も十分に考えなくてはなりません。

相手の財産や経済状態を把握しておく

不払いになってから請求を求める調停を申立てる方法などもありますが、これは明らかに時間の無駄ですから、弁護士などの専門家に相談したほうがいいということを覚えておきましょう。

そのようなケースで、さらに面倒なことになるのは、相手の財産や経済状態をしっかり把握していない場合です。

「支払えるはずだ！」といえる材料がないことになります。これでは、本当に不利です。それなりの対応は、状況が許す限り、徹底的に頑張るべきですが、払う気のない相手だからこそかなりの覚悟を求められますし、玉砕《ぎょくさい》することも覚悟のうちに入れなくてはならないでしょう。

それ以外の、**ある程度以上の根拠のある訴えの場合には、履行勧告や、強制執行をかけることができます。調停調書の中で、履行勧告の項目がある場合には、家庭裁判所に履行勧告の申立てをします。**

それに対して、音沙汰《おとさた》がないようであれば、強制執行が可能となります。ただしその場合でも、差押さえる財産を特定できるかできないかで、まったく状況が変わることを知っておきましょう。

給料の差押えを約束している場合などは、相手は自分の不払いを会社に知られるだけで立場が悪くなりますので、「このまま支払ってもらえない場合には、約束通り、給料の差押えを実行します」という連絡をしてみるだけでも、状況が好転することがあります。

また、相手の状況をつぶさに知ることができるような、人脈を確保しておくこともおすすめです。別れる相手の友人や会社の上司などとつながっておけば、その時々の状況をつかめるのです。断りなく引っ越しをされたり、転職をされてしまったときにも、追跡できる可能性が高くなるのです。

養育費については、状況に応じて変化するものなので、最低限決まった額が減らないようにしなくてはなりません。

何度もお話ししているように、養育費は、子どもの権利です。子どもが扶養される権利を、養育している親が損《そこ》なわないようにしっかりと構えておかなくてはなりません。

ADVICE

会社勤めでなく自営者や不労の人からは支払ってもらえないケースが多いので、離婚後も相手とは友好関係をとっておくとよい。

第4章

子どもの未来を守るために

子どもに関して決めておくべきことは？

親権者・面会交流権・養育費などの問題、メンタルケアを考えて決める

親としては子どもの人権を第一に考える

離婚をするにあたって、子どもがいる場合には、子どもの人権を守るということが、最も重要だといっても過言ではありません。

なぜなら、離婚はあくまでも両親の問題であり、子どもは進んでどちらかの親を失おうとはしていないからです。

たとえ子どもに対するDVなどが原因であっても、子どもは意外とそのために親、家族がバラバラになってしまうのを嫌がったりすることもあるのです。子どもの年齢によっては、離婚時に事情を話すことや理解を求めることが難しい場合もあります。

それでも2～3歳になっていれば、別れた親の記憶も残りますので、将来的には、自分自身の気持ちを整理した上で、きちんと子どもが納得できる事情や理由を説明しなくてはならないでしょう。

また、もっと年齢が上がっていれば、なるべく嘘はつかないようにするべきですし、自分の気持ちを正当化して子どもに押しつけ、相手を悪者にし過ぎないことも大切なことです。どんな人物でも、子どもにとって親は親。確実に自分の中にＤＮＡがある親のことを、悪い人間だと思わなくてはならないのは可哀想です。

そういった子どもへのメンタルケアも十分に考えた上で、子どもにまつわる取り決めに臨みましょう。

【子どもに関して決めなければならない主な事項】

●親権者・監護権の決定（戸籍の移動）　最初に考えなくてはならない重要な事項です。

未成年の子どもは、ひとりで戸籍を編成して、独立することはできませんから、どちらかの親の戸籍に入る必要があります。

親権者は、離婚届に決定事項として記入しますので、子どもの将来も含め真剣に考えて早めに決められるようにしましょう。

●面会交流（権）　子どもにも、別れた親のほうにもあるお互いに会う権利です。

人としてとても大切な取り決めで、子どもが幼ければ幼いなりに、年齢が上がればそれなりに親と会うことの重要性があります。子どものその時々の気持ちや精神状態も、よく配慮して決めておくことが大切です。

●**子どもが成長するための養育費**　子どもは養育される権利があり、親は当然の義務として負担すべき費用です。
いわゆる養育費と呼ばれるもの以外にも、**生活費、学費、習い事や塾の費用など**について、離婚する前に細かい取り決めをしておくことも可能ですので、専門家の意見を取り入れながら考えていくのがいいでしょう。
●**子どもの氏に関して**　子どもの姓をどうするのかもないがしろにはできません。とくに、婚姻中の姓から変えるつもりの親と暮らすことになる場合、そのままでは親子で姓が違うことにもなります。
片方の親が親権や監護権を持っているからといって、子の姓が自動的にその親の姓と同じになるものではありません。**結婚のときに姓を変えたほうの親は、離婚後3ヵ月以内でどちらの姓にするかを決めなくてはならないので、手続きが遅れないようにしなくてはなりません。**離婚する親自身の立場だけでなく、子どもの気持ちや将来的な立場なども十分に考えて決めましょう。

離婚する両親は、つい自分たちのことに気をとられがちになります。とくに感情面では、自分たちの都合で別れることばかりを優先して、子どものつらく寂しい気持ちを無視した結果になりかねないということを、しっかりと頭に入れておいてください。

いくら親でも、離婚によって子どもの人生を不幸にする権利はありません。

大切にしたい子どもに対するケア

①子どものメンタルケア

親に非があっても家族が別々になるのを嫌がる

どうして別れることになったのか不安に感じる

- できるだけ正直に離婚に至った事情を伝える
- 離婚時に乳幼児の子どもであっても、将来的には事情を話す
- 子どもにとって、親は家族であり、相手方を悪者にし過ぎない

②養育上の決定事項や手続き

- 親権・監護権
- 面会交流権
- 養育費など金銭の取り決め
- 子どもの戸籍・姓

夫婦間のことだけにとらわれずに、子どもの将来を慎重に考えてみる

ADVICE　子どものいる離婚では、別れた相手と交流することが予想されます。感情的にならず、「安全で無料のシッターに預ける」くらいに思って、空いた時間を自分のために使うとよい。

「親権」が意味する2つの要素

両親の一方が持つ親権には、身上監護権と財産管理権がある

離婚後、両親が共同で親権を持つことはできない

未成年の子がいる場合には、離婚後の親権者を夫婦のどちらにするかを決めなければ離婚はできません。親権者は子どもの生活に関することや財産管理についての権限を持つだけではなく、子どもの法定代理人になります。

これに関しては、親権者でない者は干渉できないことになっています。

【親権が持つ法律的な2つの要素】

●**身上監護権**　子どもの身の回りの世話をしたり、しつけ、教育をしたりすることです。

●**財産管理権**　子どもに財産があればこれを管理することであり、また子どもが法律行為をする必要がある場合に、子どもに代わって契約、訴訟などの法律行為をすることをいいます。

これは、あくまでも子どものための権利であり、親のための権利ではありません。親権を2つに

親権に関する2つの要素

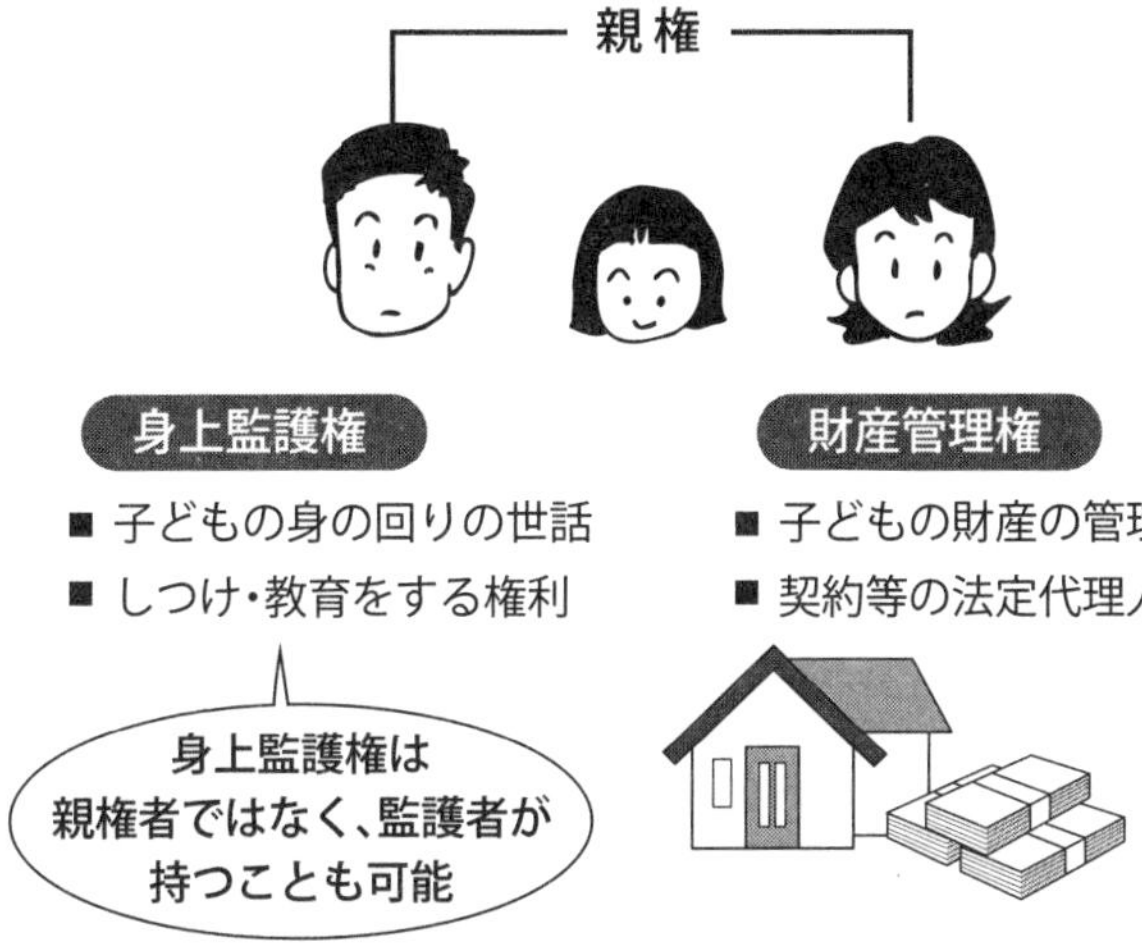
親権
身上監護権
■ 子どもの身の回りの世話
■ しつけ・教育をする権利
財産管理権
■ 子どもの財産の管理
■ 契約等の法定代理人
身上監護権は
親権者ではなく、監護者が
持つことも可能

分けて考えることは合理的なことですが、とくに定めない限り、両方とも親権者が行使することになります。

離婚の場合、身上監護権の部分を親権から切りはなして、親権者とは別に監護者を定めることもできます。

離婚届には未成年の子の親権者を記載する欄があり、親権者の記載がない場合には受けつけられません。

つまり、先に夫婦の離婚だけ受けつけてもらい、子どもの親権者指定をあとで決めることはできないのです。また、離婚後も両親の共同親権とすることはできません。必ず両親の一方だけが親権者となります。

家庭裁判所の決定で親権者と監護者を分けることもある

離婚を受理させたいがために、とりあえずどちらかを親権者として記入しておいて、離婚が成立してからあらためて話し合おうと思っても、離婚届に記載した親権者は戸籍に記載されてしまいますので、親権者を変更するには双方の合意、かつ家庭裁判所の許可が必要となります。そう簡単に変更できるものではありません。

逆に、子どもの利益のために必要と認められるときは、家庭裁判所では親権者を他の一方の親に変更することができます。

【特殊なケースによる親権】

●親権者と監護者を分ける　分けることで親権者は義務感にかられて養育費の支払いをきっちりする、ということもあるといいます。ですから養育費の支払い義務を守らせるひとつの手段として考えることもできます。

●親権者が死亡した場合　死亡した場合、もう一方の親が自動的に親権者になるわけではありません。そのときには後見人が立てられます。

後見人は、親権者の遺言にもよりますが、遺言がない場合は家庭裁判所が決定します。それまで親権を持っていなかった親が、子どもを引き取る場合には、親権者になったほうがいいでしょう。

親権者の決定

複数の未成年子

- それぞれの子どもについて親権を決める
- 夫と妻で分けることもできる

↓

親権者の死亡

- 自動的にもう一方の親が親権者になるわけではない

↓

後見人を立てる

親権者にならない親 ＝相続権・扶養義務はある

●**複数の未成年子がいる場合**　それぞれの子について、親権を決めなければなりません。

子どもによって親権者を夫と妻に分けることもできますが、原則として、一方の親が全未成年子の親権者になるのが望ましいことです。

兄弟姉妹が一緒に暮らして育つということは、人格形成に重要であると考えられているので、親の都合で子どもたちを引き離してはいけないという見解に基づいているためです。

なお、**親権者にならない親にも、相続権、扶養義務はあります。**

ADVICE

相手が親権にこだわり離婚が成立しない場合、親権を手放し養育・監護権のみを定めてもらうことが離婚の早道となる。

親権者を決めるさまざまな要素

子どもの年齢も考慮し、両親の話し合いで決める

親権者は子どもにとっての幸せを基準に考える

基本的には、当事者の協議で決めることができますが、子どもの生活、福祉を考えて決めることが大切で、親のエゴや離婚の際の意地の張り合いなどで決めてはなりません。**親権者の決定は、子どもの利益や福祉を基準にして判断するべきものです。どちらの親を親権者と定めれば子どもにとって利益があり、幸福かということです。**

子どもの現状を尊重し、特別の事情がない限り、婚姻中に子どもを監護・養育していた親を優先的に親権者とするのが一般的です。また、乳幼児の場合には、特別の事情がない限り、母親が優先的に親権者になるケースが多くなっています。

子どもがある程度の年齢に達していた場合には、その子どもの意向も尊重されます。

不貞行為やＤＶなどの有責配偶者でも、そのことを理由に親権者になれないわけではありません

が、その内容によっては、性格や人柄が反映されていることも多いので、親権を得るのは難しいと考えられます。

また、経済力も配慮すべきですが、実際に養育しないほうの親が、養育費を支払うことによって解決できますので、必ずしも親権者決定の要素にはなりません。ただし、その支払いに関して問題が生じる可能性があることを忘れてはなりません（詳しくは194ページ以降を参照）。

【親権を決めるにあたっての基準】

●父母の側の基準　心身の状態、生活態度、監護能力、精神的・経済的家庭環境、住居、教育環境、子どもに対する愛情の度合い、従来の監護状況、監護補助者がいるかなどです。

●子どもの側の事情　年齢、性別、心身の発育状況、従来の環境への適応状況、環境の変化への適応性、父母との結びつき、子どもの意向などです。

そして、子どもは成長していくものですが、離婚時の子どもの年齢と親権者のバランスを考えることは避けられません。

次項の内容は、あくまでも目安ですが、調停や審判、裁判などの第三者が親権者を決定する場合の考慮の基準となりますので、参考にしてください。

【第三者が決定する際に考慮する内容】

●0歳～10歳　衣食住全般にわたって子どもの面倒を見なければならないので、母親が親権者になる例が多くなります。

●**10歳～15歳**　子どもの精神的、肉体的な発育状況によっては、子どもの意思を尊重するとの取り扱いがなされています。

●**15歳～20歳**　子どもが自分で判断できるので、原則として意思を尊重します。満15歳以上になっているときには、家庭裁判所が子どもの意見を聞かなければならないことになっています。

●**20歳以上**　20歳を過ぎれば、親権者の指定の必要はありません。

話し合いで決まらないときは家裁の調停へ

どちらも親権がほしい、または、いらないという場合で、協議で決まらなければ家庭裁判所へ親権者指定の調停を申立てる方法があり、それが不成立であれば、手続きは審判に移行します。

通常は離婚調停の中で話し合いがなされることがほとんどです。裁判離婚する場合、裁判所が父母の一方を親権者と定めます。監護権についてもまず協議し、協議で決まらない場合には、家庭裁判所に子の「監護者指定の調停」を申立てます。

審判では家庭裁判所が職権で手続きを進め、家庭裁判所調査官の事実調査があります。子どもの家庭環境が調べられ、当事者の審理が行なわれたあと、審判が下されます。

親権者にはどちらがよいか？

一般に伝えられている子どもの年齢と親権者指定

年齢		親権者は？
0~10歳	衣食住をはじめとする身の回りの世話が必要	母親が妥当
10~15歳	子どもの発育状況、精神面を考慮に入れて決定	子どもの意思を尊重する場合も
15~20歳	満15歳以上の場合には子どもの意見を必ず聞く	原則、子どもの意思を尊重
20歳以上	親権者を指定しなくてもよい	

話し合いで決まらない場合の親権者指定

家庭裁判所に親権者指定の調停申立てをする

↓

調停による親権者指定

↓

調停不成立の場合には審判

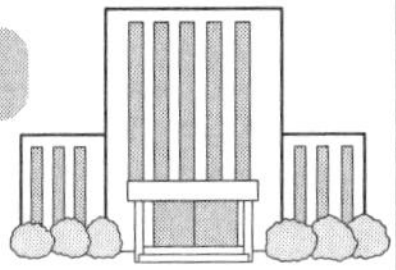

※通常は離婚調停の中で話し合いがなされることが多いです

ADVICE 親権が欲しい場合は子どもをサポートしてくれる身内家族とともに、必ず幸せにするという信念と自信を持って臨むこと。

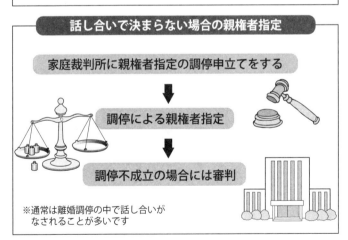

監護者として子どもと暮らすこと

親権でもめたときは、監護権を主張するのもひとつの手段

子どもを引き取るときは養育費に関する約束も取りつける

監護者とは、実際に引き取って子どもを育てる者のことで、監護に必要な範囲内で親権者の権限をも行ないます。ただし、監護権とは親権の一部です。

よくあるのは、母親が親権にこだわりすぎて、離婚の話し合いが長引き、感情的になるケースです。子どもと一緒に暮らしたいという一心で、親権を主張するのはわかりますが、それだったら親権だけは夫にゆずって監護者になったほうがいいでしょう。子どもを手元に置きたいという気持ちが真実ならば、**戸籍には記載されませんが、監護権を主張して、子どもと一緒に暮らし、養育費を受け取る。そのほうが、早い解決が望め、精神的にも安定するのではないでしょうか。**

この場合、子どもを引き取ったとしても生活に困窮するようでは困りますので、養育費に関する取り決めは慎重に考え、確実な約束を取りつけることが肝心です。

親権でもめた場合は監護権を考える

「子どもといっしょに暮らしたい」
「あんな夫に子どもを渡したくない」
などの理由で親権にこだわり過ぎない！

監護権を得ることで、
子どもの養育に関わることが
できる

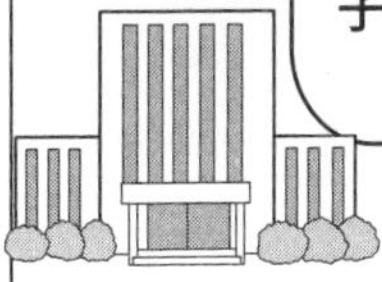

- 監護者になったことを文書で残す
- 養育費の受け取りに関する書面も残す

ADVICE 親権を譲り監護権のみの場合、意地を張らずに相手に頼って相談すると、相手も一生懸命子どものために努力してくれることが多い。

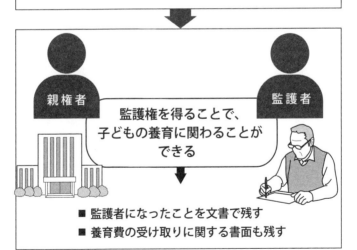

親権者・監護者を変更したいとき

一度決定された親権者は、よほどの事情がないと変更が許されない

親権者の変更には家庭裁判所の調停か審判の決定が必要

一度、親権者を決めたからといって、永久に変更できないわけではありません。事情が変われば親権者を変更できます。ただし、そう容易なことでないのは覚悟してください。

親権者変更の手続きは、両親の間で協議ができても、それだけで変更することはできません。必ず家庭裁判所で親権者変更の調停を経るか、または親権者変更の審判により決定されなければなりません。親権者の変更には、戸籍の変更が必要であり、子どもをたらい回しにするような親の身勝手による変更を避けるためなのです。

親権者の変更申立ては、夫婦のどちらからでもできますし、子どもの親族であれば、祖父や祖母からでもできます。子ども本人には申立ての権利はありません。親権者は戸籍上の記載事項ですから、親権者の変更によって戸籍上の親権者の変更も必要になります。

申立てがなされると、まず家庭裁判所の調査官が、現在の親権者の状況が子どもの養育、監護にとって適切であるかどうかを調査します。

子どもがある程度の年齢に達している場合には、調査官が子どもに直接話を聞く場合もあります。双方に合意が成立しない場合には、この調査によって、現状が子どもの養育、監護にふさわしくないと判断されると、はじめて親権者の変更が認められるのです。

調停の申立ては、相手方の住所地または当事者が合意で定める家庭裁判所にします。審判の申立ては子どもの住所地の家庭裁判所に申立てます。

監護者の変更は両親の合意があればＯＫ

監護者を変更したいときには、親権者の変更と異なり戸籍上の記載がありませんので、両親の協議だけでもすることができます。協議できない場合は、家庭裁判所に子どもの監護者変更の調停、または子どもの監護者変更の審判を申立てます。**監護者変更の申立ては親権者変更の申立てと違い、親族に限らず誰でも申し立てることができます。ただし、子ども本人には申立ての権利はありません。**

【親権者・監護者の変更が認められるケース】 子どもの福祉、利益になると家庭裁判所が判断した場合。

●**親権者の変更**　子どもを養育する環境の悪化、親権者の長期入院や海外赴任などで子どもの世話ができなくなった、継母・継父との間がうまくいかない場合など。親の自分勝手な都合で変更できるわけではありません。

具体的には養育の熱意、経済力、環境、新たな配偶者の熱意、経済力などを比較し、年齢によっては、子どもの意思なども考慮して決められます。さらに、現在の親権者に子どもを養育・監護する意思が認められないなどの問題があれば、親権者の変更は認められやすいでしょう。

●**監護者の変更**　親権者とは別に監護者を決めていた場合、親権者と同様、子どもの福祉、利益のため必要があると認めた場合には変更することもできます。

親権を持たない監護者が、緊急に親権を行使しなければならない事情がある場合には、親権者の変更の申立てをすると同時に、審判前の仮処分の申立て、親権者職務執行停止、代行者選任の仮処分をしてもらい、監護者が代行者として親権を行使するということもできます。

しかし、親権者と監護者が同じ場合の変更は難しいのが現実です。親権の変更によって、子どもの生活に影響が及ぼされると考えられる場合は、子どもを取り巻く環境はできるだけ継続して、安定していることが望ましいという観点から、変更が認められることは少ないようです。

●**親権、監護権の喪失**　状況によって親権または監護権を喪失《そうしつ》させられる場合もあります。

子どもを他人に任せきりで長期不在にしたり、子どもへの暴行や虐待、労働の強制など、親権者が責任を果たさず、養育する意思が認められない場合は、もう一方の親や親族、検察官、児童相談所の所長などが、家庭裁判所に親権の喪失を申立てることができます。

● **管理権の喪失**　管理不適当によってその子どもの財産を危うくした場合には、親権のうちの財産管理権のみの喪失を申立てることができます。

親権喪失の申立てがあると、審判が確定するまでの期間、親権者の親権行使を停止し、例えば、祖父母などを親権代行者とすることができます。

親権者がいなくなっても、もう片方の親が自動的に親権者になることはありません。親権者になりたければ、家庭裁判所に親権者変更の申立てを行なう必要があります。

親権者の変更が認められたら、審判の確定または調停の成立の日から10日以内に、審判書または調停調書の謄本を添えて、市区町村役場の戸籍係に届け出ます。

その場合、子どもの戸籍の身分事項欄に親権者が変更した旨が記載されます。

ADVICE

親権者、監護者になったのに子どもに関わることに熱心でない場合は、子どものためにあえて親権者、監護者変更を申立てる。

面会交流権とはなにか?

監護者でない親が子どもと面会する権利。認められない場合もある

面会交流権の基準は子どもの幸せを優先する

面会交流権とは、離婚後、監護者でないほうの親が子どもと会うことについての取り決めです。

離婚後、親権者または監護者にならなかったほうが、子どもに面会したり一緒に時間を過ごしたりすることを面会交流といい、その権利を「面会交流権」といいます。

この面会交流権は、民法などの条文に明文で規定された権利ではありませんが、判例や家庭裁判所でも認められているものです。

それでも、面会交流が認められる基準は子どもの利益、子どもの福祉です。会うことで子どもに悪影響があるような場合には、面会交流権が制限されます。

親権者または監護者は、そうでないほうの親に、子どもを会わせないようにすることはできません。子どもに対する面会交流権は、親として当然持っている権利で、子どもに会うことまで拒否す

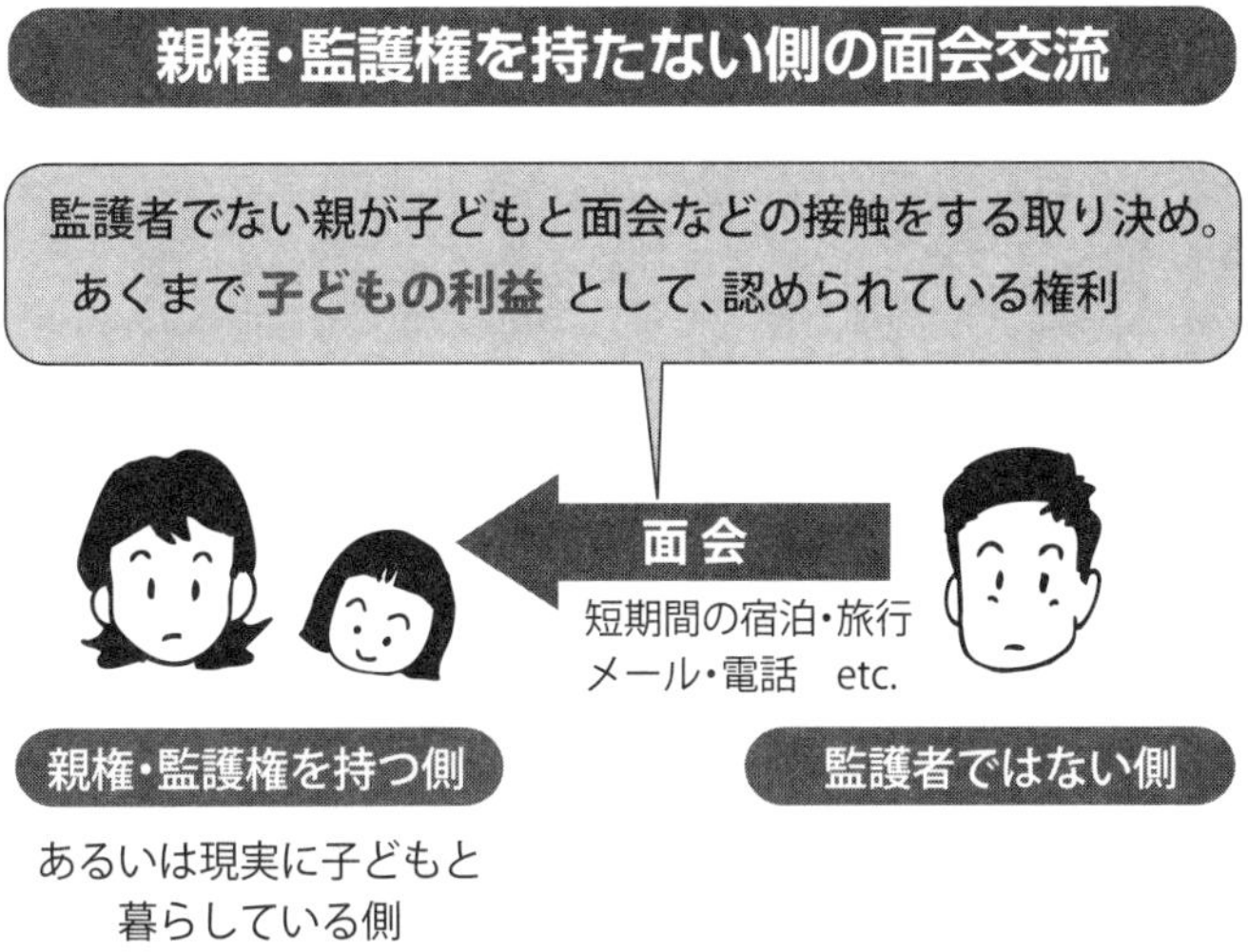
親権・監護権を持たない側の面会交流
監護者でない親が子どもと面会などの接触をする取り決め。
あくまで子どもの利益として、認められている権利
面会
短期間の宿泊・旅行
メール・電話　etc.
親権・監護権を持つ側
あるいは現実に子どもと
暮らしている側
監護者ではない側

ることはできないと考えられています。

親権・監護権がない親が、勝手に子どもと会ったり、子どもを連れ去ろうとしたりする場合は、面会交流権を制限できます。

面会の仕方によっては、子どもに動揺を与え、精神的不安を招くこともありえます。具体的な悪影響が出るような場合には、子どもがある年齢に達するまで面会を禁止したり、親権者または監護者同伴の場でのみ面会させるなどの方法も考えられます。

子どもとの面会の際、相手方に復縁を迫《せま》ったり、金銭の無心をしたりするような場合には、面会交流権の濫用《らんよう》として、以後の面会交流を拒否・制限することを考えるべきです。

【面会交流を拒否・制限する理由となり得る事情】

● **親権喪失事由がある**　合意書で決まったこ

とを覆《くつがえ》すなど、親権者として失格とみなされる場合は、面会交流権は拒否・制限されます。例えば、勝手に決められた日時以外で子どもと会うなどです。

● **養育費などを負担しない**　支払能力があるにもかかわらず、養育費を負担しない親には、面会交流権が拒否・制限される可能性があります。

● **暴力を振るうなど虐待の恐れがある**　子どもや親権者または監護者に暴力を振るう等の虐待をする場合です。当然、両親の婚姻時から、片方の親が子どもに暴力を振るって、もう一方の親が子どもを救うために離婚したような場合にも、面会は認められません。

● **子どもが会うことを望まない**　15歳以下の子どもは精神面に弱い面もあり、離れて暮らす親と会うことによって、その精神状態の動揺が考えられるような場合は、認められない可能性があります。子どもの意思を考慮して判断されます。

● **現在の家庭が円満で波風を立たせたくない**　子どもを引き取って育てている親が再婚し、現在の家庭が円満であれば、離れて暮らす親と会うことが、子どもに逆に動揺を与えマイナスであると判断されれば、現在の家庭環境を守るために面会交流が認められない可能性があります。

面会交流

面会交流権 → 子どもの利益となることが前提

**悪影響があると考えられる場合には、
面会などが拒否・制限される理由となり得る**

面会交流を拒否・制限される理由となり得る例

- 子ども・監護者に暴力を振るう/アルコール依存である
- 支払い能力があるのに養育費を払わない
- 相手方に金銭の無心をする/復縁を迫る
- 刑罰を受けるような犯罪を起こす
- 面会などにより、子どもに悪影響を与える
- 子どもが面会を望まない/子どもと勝手に会う

監護者権のない側が子どもと会わせてもらえない場合

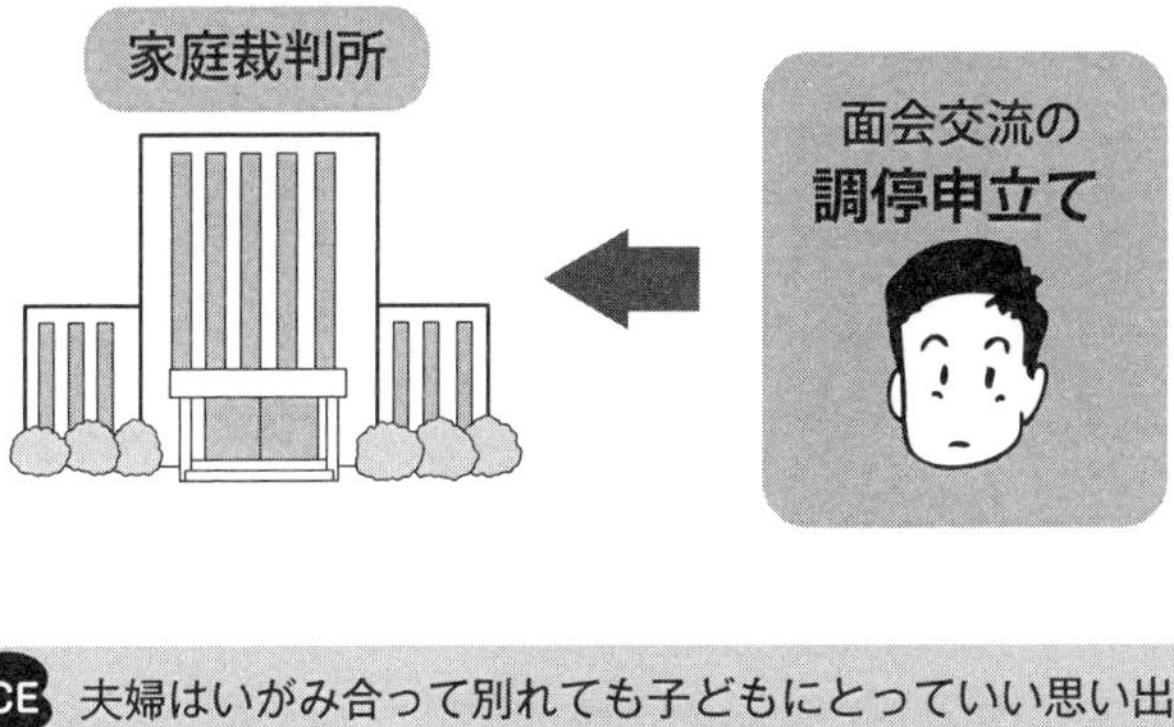

ADVICE 夫婦はいがみ合って別れても子どもにとっていい思い出が残るパパとママ。面会は子どものためと割切って気持ちよく会わせる。

面会交流権は離婚後も問題化しやすい

お互いの協議で決まらなければ調停・審判へ

取り決めは文章化しておく

面会交流に関して、基本的には離婚の際に両親の協議で決めますが、協議で決まらなければ、家庭裁判所へ子どもの監護に関する処分として「**面会交流の調停申立て**」をします。調停が不成立であれば、手続きは移行して「**審判**」になります。申立てをする裁判所は、調停のときは相手方の住所地、審判のときは子どもの住所地の家庭裁判所です。面会交流を拒否された場合も、家庭裁判所へ面会交流の調停申立てをします。これが調停が不成立であれば、手続きは移行して審判になります。

また離婚の際、面会交流権を放棄すると合意した場合でも、それは不適法な合意ですから無効です。放棄の合意後、監護者に面接交渉を求めて断られた場合には、家庭裁判所に調停を申立てます。

ただし、**親がいくら会いたいと思っても、子どもの福祉を害したり、子どもの意思に反する場合に**

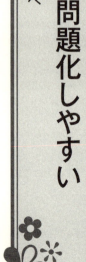

面会交流で決めておくべき内容

■ 面会の頻度（月に何回など）	■ 連絡方法はどうするのか
■ 日数	■ 面会時間（何時間か）
■ 場所はどうするのか	■ 宿泊してよいのか
■ どんな会い方をするのか	■ 日時は誰が決めるのか
■ 子どもの受け渡しの方法	
■ 学校行事への参加できるのか	
■ 予定変更の場合はどうするのか	
■ 電話や手紙のやりとりを認めるのか	
■ 誕生日などにプレゼントをできるのか	
■ 子どもの意思をどのように反映するのか	

は面会交流を制限・禁止されることもあります。

面会交流は離婚後にも意外と問題になることが多いものです。子どものためにきちんと取り決めをし、文章化しておいたほうがいいでしょう。内容は面会の頻度、時間、など詳細な点（上記内容参照）を入れておくのがいいと思います。

離婚する夫婦の双方が、気持ちよく親としての権利と義務を果たすために、他の条件と同様に確実な取り決めが必要です。

子どもという人間に関わる点ですので、あらゆる配慮を欠くことなく、他の条件以上に真摯《しんし》に取り組まなくてはなりません。

ADVICE

子どもに愚痴や別れた親の悪口を言わないことの約束も取り交わして、子どもの心を守り、面会が楽しい時間となるようにする。

面会の際に監護者が注意すること

周囲の協力を得て、トラブルを避ける

子どもにも理解してもらう努力をする

手元で子どもを育てたかったほうの親や、取り決め以上に子どもと面会を希望したけれども叶《かな》わなかった親が、子どもを連れ去る事件が多発しています。

場合によっては、略取誘拐《りゃくしゅゆうかい》という犯罪事件に発展することもありますので、子どもを連れ去られる可能性がある人は、慎重に考えておくべき問題です。

連れ去りの恐れに悩むことなく、子どもともう一方の親の面会交流を実現するためには、「社団法人家庭問題情報センター（通称：エフピック）」において、同センターの施設を面会場所とし、同センターの職員（家庭裁判所の元調査官などが中心）の立ち会いの下で面会交流を行なう方法を利用することも検討してみるべきでしょう。

親権や監護権を持っていない親が未成年の子どもを連れ去った場合、未成年者略取誘拐という犯

罪になります。民事不介入という口実で、警察があまり動いてくれない場合もあるようですが、感情で動かず、専門家を通して、あきらめずに話し合うことです。

小学生以下の子どもの場合、久しぶりに会ったとしても、自分の親であるとわかれば、ついて行ってしまうこともあります。

小学生ぐらいになっていれば、前もって予測して「お父さん（お母さん）が突然迎えに来ても、一緒に帰ってはだめよ」と言い聞かせておけば未然に防げます。それでも、子どもが会いたいという気持ちを持っているようだったら、会える方法を考えるからと子どもに伝えておきましょう。そしてなんとかその方法を考えてあげてください。

子どもがまだ幼稚園、保育園に通っている場合は、子どもに言い聞かせるのは難しいので、園長などに掛け合って、自分や自分が指定した人物以外には決して引き渡さないよう、ていねいにお願いしておくのが無難です。

その場合、**できるだけ冷静に、子どもの精神的な安定のために必要なのだということを述べた上で、真実を包み隠さず話さないと、正確なことを理解してもらえず、正しい対応につながりません。**

ADVICE

相手を不安、感情的にさせたり、子どもを会わせないことでストレスを持たさないことが連れ去り防止にも役立つ。

養育費は子どもが持つ権利

子どもが自立するまでに必要な、あらゆる費用が対象となる

養育費の分担と支払いは親としての義務

養育費とは、子どもを監護、教育するのに必要な費用です。要するに子どもを育てるのに必要な費用全般ということになります。一般的には、親の扶養が必要な未成熟子が自立するまでに要するすべての費用です。**衣食住、教育費、医療費、最低限度の文化費、娯楽費、交通費などが含まれます。**養育費の受け取りは、協議、調停、裁判などという離婚の形態にかかわらず、ほとんどの場合に取り決められるものです。また、離婚後でも養育費の分担について話し合うことは可能です。

養育費は、子どもが持つ権利です。また、親子の身分関係から発生するものですから、どちらに親権があるかとは無関係に、父母の資力に応じて分担しなければなりません。

養育費の支払いは子どもに対する親としての義務です。ですから、子どもと一緒に生活しない親でも養育費を支払うことになるのです。

養育費は何に使われるのか？

養育費

↓

子どもを育てるのに必要な費用全般
子どもが持つ権利

養育費が使われる目的

- 生活費
- 教育費（含:学習塾お稽古など）
- 医療費

- （最低限の）文化費 娯楽費
- 交通費
- その他必要な費用

ADVICE 子どもが可愛いと思えるうちは養育費を払うのも惜しくないと思うのが親心。だからこそ、子どもは相手に懐《なつ》かせる。

養育費を決めるときの注意！

取り決め内容は公正証書にしておくことが望ましい

分割払いが一般的で、額、期間、方法など合意を具体的に決めておく

支払いの期間（時期）、1回あたりの支払い金額、支払い方法については離婚そのものと同じく、協議で決めるのが原則です。現在、子育てにかかっている費用だけでなく、成長に伴ってかかる費用を想定し、お互いの財産、今後の収入、経済状態などを検討して決めます。

養育費は分割払いとされることが多いので、具体的に決めておく必要があります。

当事者間で話し合って取り決めたことは、「**離婚協議書**」などの合意文書にします。個人の合意文書だけでは法的な強制執行力はないので、合意内容を「**強制執行認諾約款付き**」の公正証書にしておくのが望ましいことです。養育費に関しても、協議で決まらなければ、調停を申立てることができます。不調の場合は審判に移行し、離婚前であれば離婚訴訟で主張します。決定するまできちんと詰めていくことが大切です。曖昧なままで、別れてしまうのはいけません。

公正証書の養育費に関する項目の例

誰から誰に
対する支払いなのかを
明示する

支払期間はいつから
いつまでなのか
（養育費の性格上、子どもが
「成年に達する日の属する月まで」等となる）

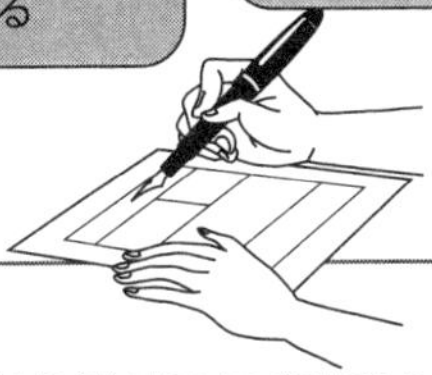

文例①

甲（※養育費を支払う側）は乙（※養育費を受け取る側）に対し、丙（※支払い対象となる子ども）の養育費として平成○年 × 月から、丙が成年に達する日の属する月まで、毎月○万円ずつ、毎月末日限り、丙名義の口座に振り込み送金して支払う。物価の変動等による事情により養育費に変更が生じる場合には、甲乙の協議により増減できるものとする。

文例②

甲は乙に対し、丙の養育費として平成○年 × 月から丙が成年に達する日の属する月まで、毎月○万円ずつ（合計○万円）を、毎月 15 日までに、乙が指定する金融機関の口座に振り込み送金して支払う。

銀行口座への振込み等、
受け渡し方法も必ず入れる。
その他、２人が合意した
事項についても記しておく

毎月の
支払額は必ず明記。
支払期間中の総額を
記入してもよい

ADVICE 養育費を子ども名義の口座に振り込んでもらうとよい。何か欲しいものなど、子どもから言うと多く振り込んでくれたり別に買ってくれたりする。

養育費は親の生活水準によって異なる

子どもが成長したときに納得できる内容にする

ケースによって金額は異なるものの、目安として使える算定表などもある

子どもの養育義務は、親と同程度の生活を子どもに保証する生活保持義務であり、親はその資力に応じて未成熟の子どもを養育する義務を負います。ですから、一般的にいくらということはできず、それぞれの親の資力、生活水準によって決めるしかないのが実体です。

養育費の額は、支払う親のレベルを標準にして定められますが、同居する親の生活水準とも関連してきます。一方の収入や生活レベルだけからでは断定はできません。一方に経済力がなければ、他方が全額を負担することもあります。

ただし、何度も申しますが、家族それぞれの生活レベルや、離婚したときのそれぞれの状況を取り入れて考えるのが基本ですから、子どもが成長したときに、納得できるような内容を心がけることが必要ではないでしょうか。

養育費の算出

支払うべき養育費をどのように決めればいい？

① 必要経費の算出
生活保護基準額などを参考に出してみる

↓

② 夫婦間の分担額の算出
①の金額をどのように分担するかを計算

↓

計算上の養育費が決定

あくまで計算上の金額であり、家族ごとの
状況に応じて相談し、支払われるべき
養育費が決まる！

現在では「養育費算定表」を使用することが一般的

（算定表と、表の使用方法は232ページ以降を参照）

算定表から算出される養育費の目安とは…

パターン①
年収500万円のサラリーマンが、
パート年収100万円の妻に支払う場合
（子どもは１人で、0〜14歳）
月額 **4~6万円**

パターン②
年収493万円の自営業者が、
専業主婦である妻に支払う場合
（子どもは２人で、0〜14歳）
月額 **10~12万円**

パターン③
年収800万円のサラリーマンが、
専業主婦である妻に支払う場合
（子どもは３人で、上２人は
15〜19歳、末っ子が0〜14歳の場合）
月額 **16~18万円**

ADVICE 養育費の算定の金額には目安でも２万円の幅がある。できるだけ多めの額をもらいたいと伝えて、少しでも多くもらえるようにする。

養育費の支払い期間と支払い方法

離婚によって生活や教育レベルが落ちない最善の方法をとる

自立までの期間は話し合いで決める

養育費の支払いは、一般的には、子どもが社会人として自立するまでとされています。これは必ずしも、成人になるまでということを意味するものではありません。

18歳になるまで、高校卒業まで、成年に達するまでなど判例も分かれています。具体的には親の資力、学歴といった家庭環境によって判断されています。子どもには離婚によって本来の生活や教育レベルが落ちることのないよう最善を考えてあげようということです。ただし、これもあくまでもそれぞれのケースによって異なります。

最近よく問題になるのが、大学進学の費用が養育費として請求できるか、ということです。大学教育を受けさせる資力がある父親への請求が争いになったケースで、判例ではその子どもに大学進学の能力がある限り、大学教育を受けさせるのが普通家庭における世間一般の通例であるとして養

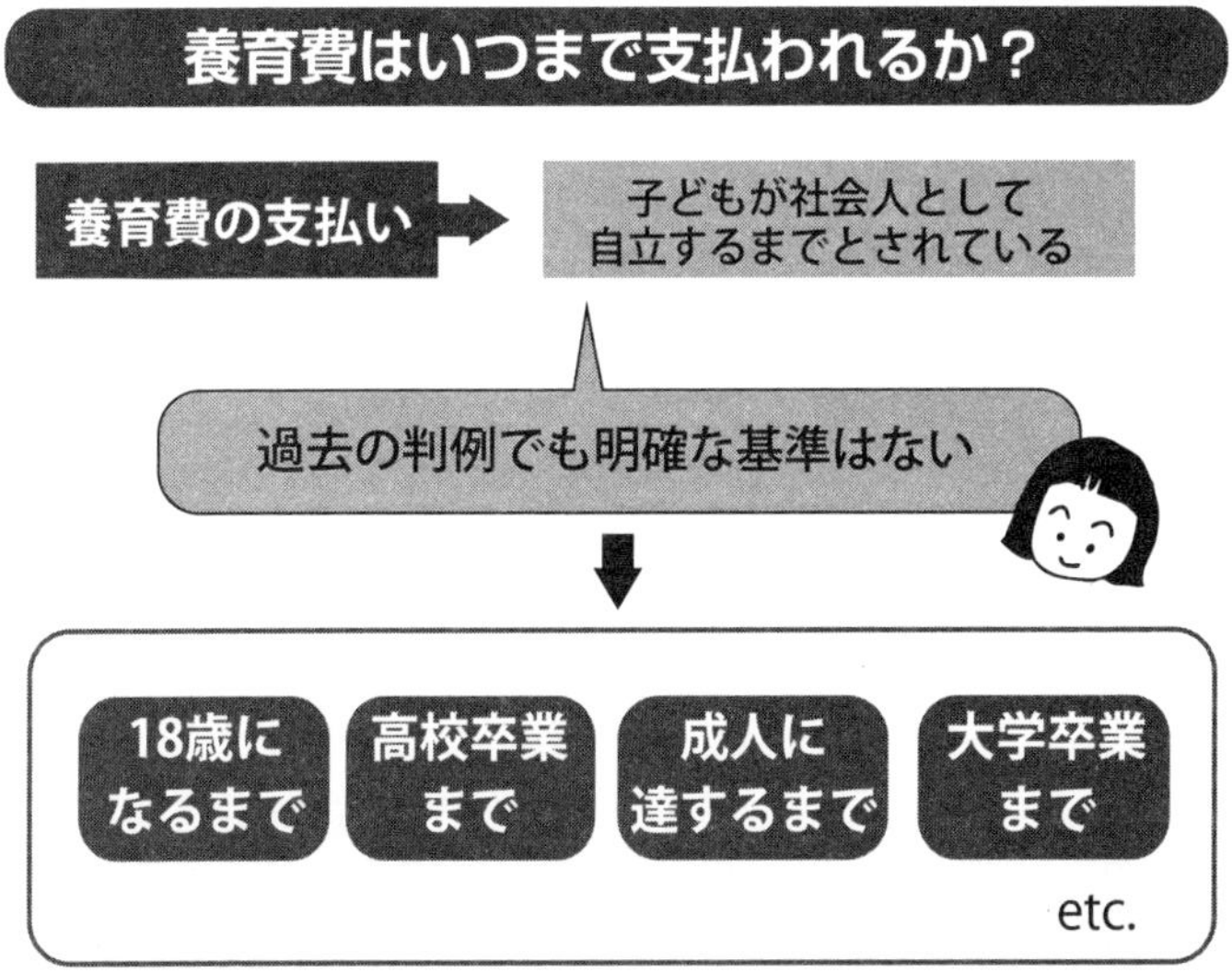
養育費はいつまで支払われるか？
養育費の支払い
子どもが社会人として
自立するまでとされている
過去の判例でも明確な基準はない
18歳に
なるまで
高校卒業
まで
成人に
達するまで
大学卒業
まで
etc.

育費を認めています。

支払い方法も慎重に検討を

支払いについては、一時払いか月払い、それとも事象が発生するごとかという選択肢《せんたくし》があります。

支払う人が、不誠実な性格で資力にも問題があるような場合には、額が低くても一時金で受け取るほうが結果的にはよいということもあり得ます。

支払い方法と金額を総合的に判断して子どもに不利益が生じないよう慎重に考える必要があります。月払いや事象が発生するごとの支払いでは、現実にどんな方法で払ってもらうのがいいのかという問題があります。銀行や郵便局に子ども名義の口座を開き、そこに振り込んでもらうのが一番いいと思います。そうすれば、領収書も要りませんし、渡した、渡さないという争いが起きることもありません。

【例外的な支払いケース】

●**過去の養育費の支払い**　なにかの事情で一方の親だけが負担した過去の養育費も、あとから分担する等して支払ってもらえる可能性があります。

とくに別居状態が長く続いたあとで離婚することになった場合、離婚後の養育費だけでなくて、離婚前の過去の養育費を支払ってもらえるのかという問題があります。

夫婦が別居している場合に、夫婦の一方だけが支払った養育費は、離婚までは婚姻費用の一部に含まれているので、婚姻費用をもらっていれば請求できません。ただし、離婚するときには財産分与に過去の婚姻費用の清算という要素が含まれる場合もあるので、財産分与に含めて請求することもできます。**離婚の際に養育費の請求をしないと約束していた場合には、過去の養育費の分担を請求することは難しいでしょう。**

●**養育者の親が再婚した場合**　再婚しただけでは、養育しないほうの親が養育費の支払いを中止する理由にはなりません。

親の再婚相手だというだけでは、子どもの生活保持義務を負わないからです。しかし、**子どもと養育する親の再婚相手が養子縁組した場合には、養親にも子どもの生活費を負担する義務が法的に生じますので、養育しないほうの親が支払うべき養育費の減額が認められる場合があります。**

養育費を確実に受け取るためのアドバイス

一括払いにする？　月払いにする？

月払いが一般的
ではあるが、毎月の支払いが予測
できないような相手の場合には、
総額が少なくなっても
一時払いのほうがいいときもある

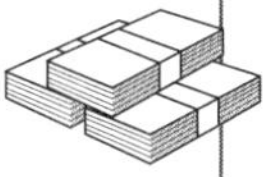

受け取りは振り込み？　手渡し？

支払ったことが
証拠として残る、振り込みが確実
手渡しなどの場合、
払った、払わないでトラブルになることも

過去の養育費は払ってもらえる？

離婚前の婚姻費用として
受け取ることが可能な場合もある

養育者の親が再婚したら払ってもらえる？

再婚相手が養子縁組した場合は
払ってはもらえるが、**養育費の減額もある**

「養育費は請求しない」と言ったけど大丈夫？

自分ひとりで頑張ってみると言ったものの、
養育費が必要となった場合には、
子どものために相手と改めて交渉してみよう

ADVICE 支払い期間は、子どもが浪人したり大学院に進学することもあるので成人する20歳と決めずに、学校を卒業するまでとか就職するまでと決めておくと安心。

養育費の増額・減額をしたいとき

状況の変化により、いったん決めた養育費の変更は可能

両親の離婚時の約束に子どもは縛られない

養育事情に変化があれば養育費の免除ないしその減額、増額を求めることができます。協議で決めることができない場合には、家庭裁判所に「**養育費増額請求の調停**」、「**養育費減額請求の調停**」を申立てます。養育費の増減で考慮される事情は以下の通りです。

【増額の場合】

入学・進学に伴う費用の必要、病気や怪我による治療費の必要、受け取る側の病気や怪我、受け取る側の転職や失業による収入低下、物価水準の大幅な上昇

【減額の場合】

支払う側の病気、支払う側の転職や失業による収入低下、受け取る側の収入増

離婚の際に養育費の請求をしないと両親が約束していても、その後の経済状況により、子を養育

養育費の増額・減額を求めるとき

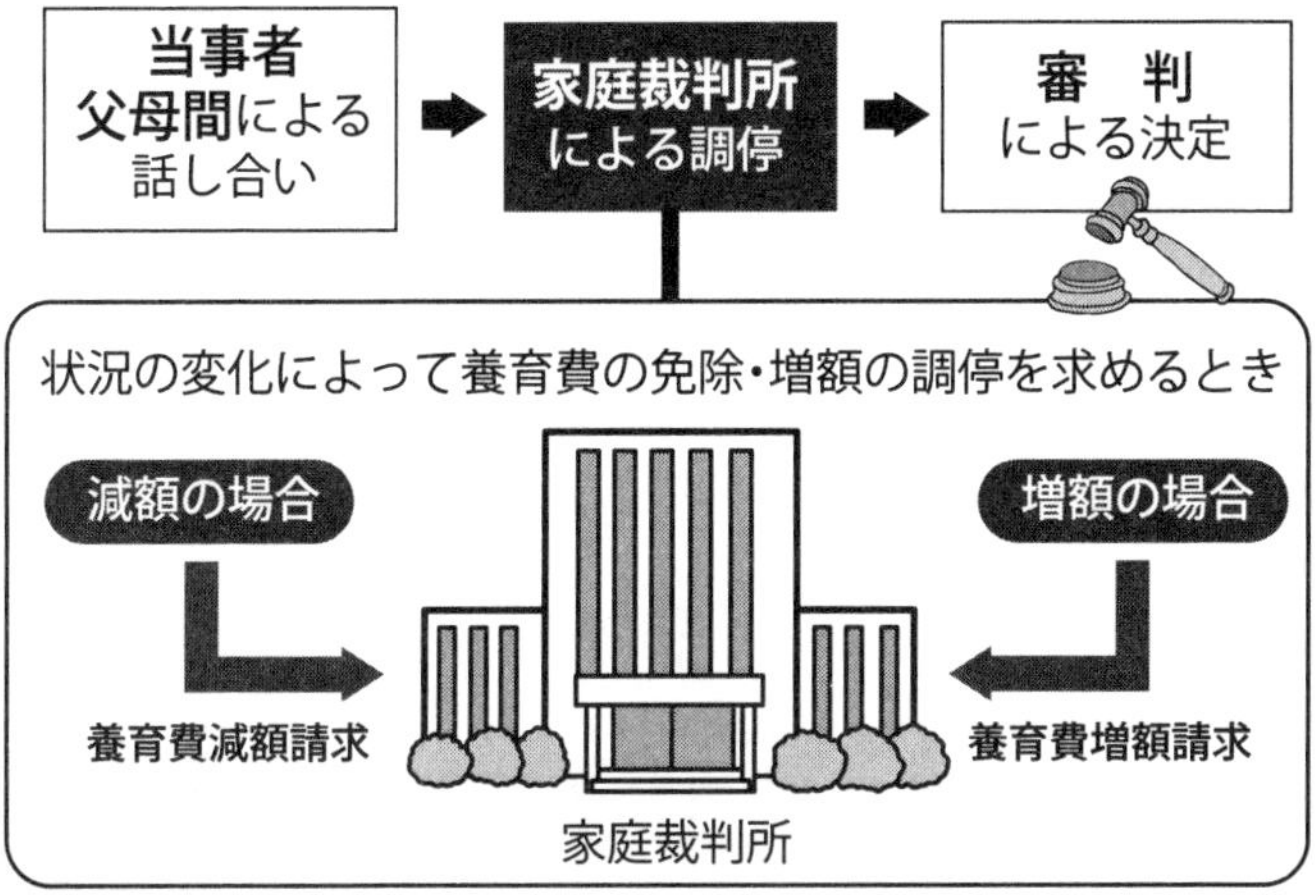

している親だけで用意できる養育費が子の生活保持に十分でなくなった場合には、養育費の請求ができます。

この考えの基本にあるのは、法律上、子が親から扶養を受ける権利は放棄できないということです。

両親の離婚時の約束は2人の間では効力があるものの、子は両親間の約束に縛られるわけではないからです。

ただしその場合にも、無条件に認められるわけではありません。

ADVICE

養育費は増額も減額もできるので、離婚後も相手の年収の増減を知る努力をしておく。

養育費の支払いが滞《とどこお》った場合

支払いが滞った場合は、法的手段に訴える

まずは自分で催促し、それでも支払わなければ強制執行も

養育費の支払いが滞った場合には、慰謝料や財産分与の支払いが滞ったときと同じように請求ができます。相手方に対し催告書など「**内容証明書**」を郵送し支払いを促します。

協議で決めた場合に催促しても支払われないときには、家庭裁判所に養育費の「**支払請求調停・審判**」を申立て、調停調書や審判書（これらには強制執行力あり）できちんと決め直します。

また、家庭裁判所の調停・審判で決められた養育費の支払いを守らない人に対しては、「**履行勧告・履行命令**」を出してもらえます。

以上のような手続きをとってもなお支払われない場合には、最終的には「**強制執行**」することになります。この場合、**1回の強制執行の手続きで、将来の分も含めて差し押さえられます。**

給料などの継続的な収入に対し2分の1を上限に、将来の分も差し押さえができます。

養育費が支払われない場合には？

催告書

私は、あなたとの間に、平成○年×月△日に成立した離婚協議書の内容に基づき、長男●●の養育費として、月◎万円の支払を受けることになっていました。

しかし、離婚直後は支払ってくれていたものの、平成○年○月以後はまったく支払われておりません。現在、○ヶ月分合計金○○万円の支払が滞っております。

つきましては、本書面到達後二週間以内に、平成○年○月以降の養育費合計金○○万円をお支払い下さい。

二週間以内でのお支払いがない場合には、法的手続きをとることとなりますので、念のため申し添えます。

平成○年○月○日

東京都○○区○○町△丁目△番△号
××花子　印

東京都○○区○○通△丁目△番△号
◇◇太郎　殿

せっかく相談して養育費の支払いに同意してもらっても、残念ながら約束どおりに支払われない場合も数多く発生している。本人に催促しても難しいときには、このような文面を記した内容証明郵便が効果をもってくる

ADVICE　養育費が滞った場合、法律で解決してもらうことも大事だが、子どもとの関係に支障をきたす恐れもあるので、催促の際には相手の事情を配慮したり、感情的なことを言わないこと。

第5章

離婚後の戸籍・姓の問題と手続き

離婚すると戸籍はどうなるの？

結婚前の戸籍に戻るのか、新たに戸籍を作るのかを選択する

転籍すると離婚の事実は記載されない

離婚による戸籍の変化として一番大きいのは、婚姻中の戸籍から、婚姻によって入籍したほうの人が除籍されるということです。婚姻中の戸籍は夫婦の戸籍としてひとつでしたが、離婚をすると戸籍が分かれます。

その際に、**結婚前の戸籍に戻るのか、単独で新しい戸籍を作るのかを選択する必要があります。**

たとえば、協議離婚することになり、離婚届が受理されると、夫が戸籍筆頭者の場合、戸籍の夫の欄には『平成○年○月○日妻○○と協議離婚』と書き込まれます。調停離婚、裁判離婚の場合には、同様にそれぞれその旨が記載されることになります。

妻の欄には『平成○年○月○日夫○○と協議離婚届出　○○戸籍に入籍につき除籍』（婚姻前の戸籍に戻る場合）、あるいは『平成○年○月○日夫○○と協議離婚届出　同日○○県○○市○○町

離婚によって戸籍がどう変わる

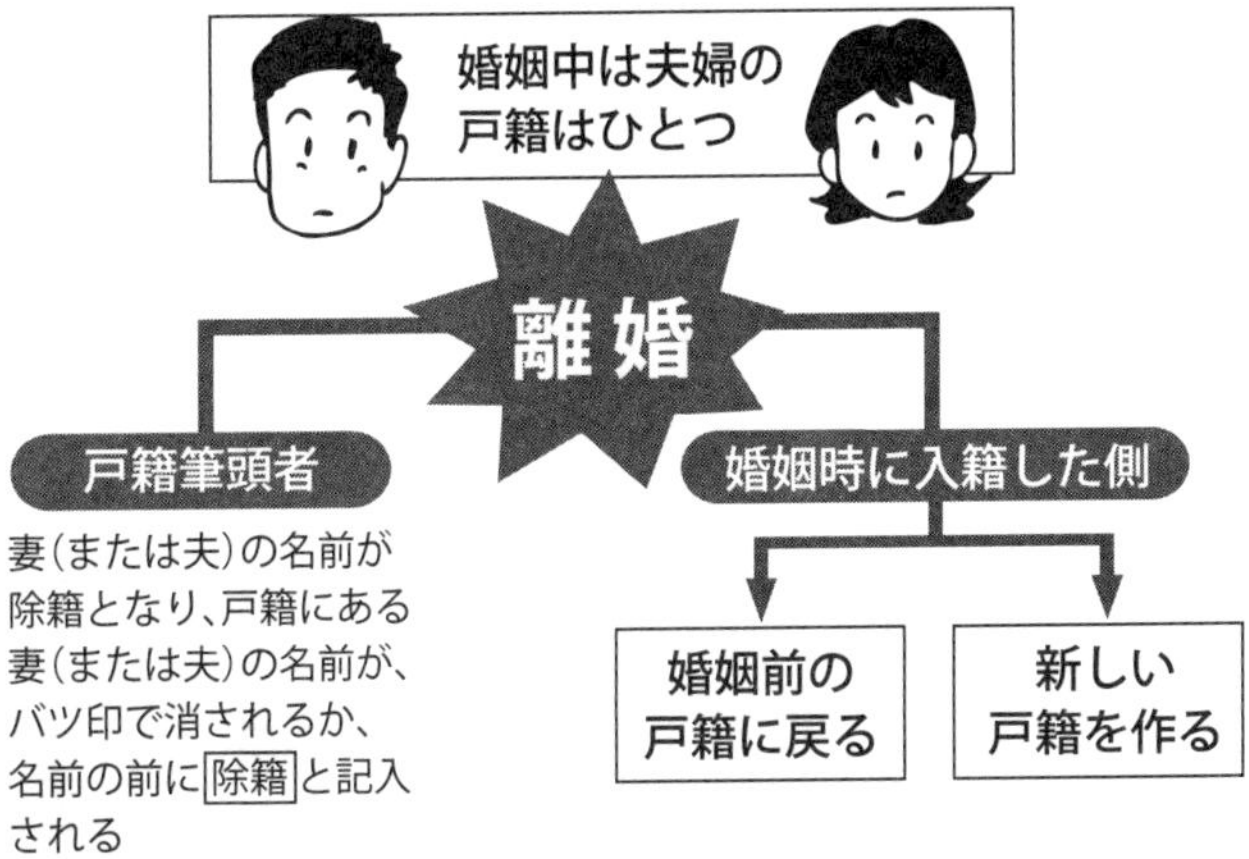

四番四号に新戸籍編製につき除籍』（新戸籍を作る場合）と記載され、妻の名前はバツ印で消されます。これが、「バツイチ」の語源です（最近の役所はコンピュータ化されているので、バツ印はあまり見受けられなくなってきました）。

婚姻前の戸籍に戻ることなく、新たな戸籍を作る場合、とりあえず本籍地を決めてください。そのあとに本籍地の移動は自由にできます。

転籍すると離婚の記載は移記する必要がないので、離婚の事実が記載されていない戸籍が作れます。離婚後に生活する住所を、新戸籍の本籍地としている女性も多いようです。

ADVICE
離婚の事実が記載されていない新戸籍で再出発のよいイメージを持てれば、頑張ろうという気持ちにもなれる。

離婚後に名乗る姓の選択をする

新しい戸籍を作れば、旧姓でも婚姻中の姓でもOK

離婚後に名乗る姓の選択は、あとの変更が難しいので慎重に

離婚により、婚姻中の戸籍から出た妻または夫が、婚姻前の戸籍（親元の戸籍）に戻る場合には、姓の選択はできず、親と同じ姓に戻るしかありません。

しかし新しい戸籍を編製した場合には、旧姓を名乗ることも婚姻中の姓を名乗ることもできます。**婚姻中の姓を引き続いて名乗りたいのであれば、離婚届と同時に、あるいは、離婚をした日から3ヵ月以内に、「離婚の際に称していた氏を称する届（左図参照）」を新しい本籍地の市区長村役場に提出します。**

その届出には、本人の署名・押印だけが必要で、理由を述べる必要もありませんし、相手側の許可もいりません。

ただし一度決めると、その変更はほぼ無理だと考えなくてはなりませんので、3ヵ月の考慮期間

離婚の際に称していた氏を称する届

離婚の際に称していた氏を称する届 (戸籍法77条の2の届) 平成○○年 ○月○○日届出 ○○区長	受理 平成 年 月 日 第 号 / 発送 平成 年 月 日 送付 平成 年 月 日 第 号 / 長印 書類調査 / 戸籍記載 / 記載調査 / 附票 / 住民票 / 通知

(1)	(よみかた) 離婚の際に称していた氏を称する人の氏名	(現在の氏名、離婚届とともに届け出るときは離婚前の氏名) 氏 甲山《こうやま》 名 花子《はなこ》 年 月 日生
(2)	住所 (住民登録をしているところ)	東京都豊島区○○三丁目 ~~番地~~ 10番 25号 ○○ハイツ302号 (よみかた) 世帯主の氏名 甲山一郎《こうやまいちろう》
(3)	本籍	(離婚届とともに届け出るときは、離婚前の本籍) 東京都豊島区○○三丁目76 ~~番地~~ 番 筆頭者の氏名 甲山一郎
(4)	(よみかた) 氏	変更前(現在称している氏) 甲山 変更後(離婚の際称していた氏) 甲山《こうやま》
(5)	離婚年月日	平成○○年 ○月 ○○日
(6)	離婚の際に称していた氏を称した後の本籍	((3)欄の筆頭者が届出人と同一で同籍者がない場合には記載する必要はありません) 東京都渋谷区○○一丁目89 番地 ~~番~~ 筆頭者の氏名 甲山花子
(7)	その他	
(8)	届出人署名押印 (変更前の氏名)	甲山花子 印

連絡先	電話(0000) 0000 番 自宅・勤務先・呼出 方

を大切にし、慎重な判断をすべきです。もしも、さらに変更をしたい場合には、以下のような手続きが必要になります。「氏《うじ》」の変更許可の申立ては「**やむを得ない事由**」が求められ、家庭裁判所がその事由を認めた場合のみ、氏の変更が許可されます。

【家庭裁判所が氏の変更を考慮する条件】

●「離婚の際に称していた氏を称する届」を出したのちに、その姓が社会的に定着する前の申立てであること

●申立てにきちんとした理由があり、思いつきからではないこと

●第三者に害を与えるなどの、社会的な弊害が発生する恐れがないこと

いずれにしろ、きちんと考えているかどうかが重要なポイントです。

離婚後に婚姻中の姓を使用することを届け出た人が、そのあと再婚したけれども、また離婚した……こういったケースでは、2度目の離婚によって前婚の姓に戻ることになるのですが、やっぱり実家の姓に戻りたいとして変更申立てをした場合に、変更が認められた例もあります。

また、子どもを引き取った親が旧姓に戻したところ、子どもが適応しないために婚姻中の姓に戻したい、という申出も許可された例があります。

ただし、いずれも事前に想定できないことではありません。周囲の人の混乱を防ぐためにも、できれば一度の決断で済ませたいものです。

離婚後に名乗る姓の選択肢とその変更

婚姻前の戸籍に戻る場合

↓

旧姓しか名乗ることができない

新しい戸籍を作った場合

選択可能

旧　姓

離婚届の
「新しい戸籍を作る」
にチェックを入れる
（別途の手続は必要ない）

婚姻中の姓

離婚届の提出後、または
離婚した日から3ヵ月以内に、
市区町村役場へ「離婚の際に
称していた氏を称する届け」
を提出する

一度決定した姓を変更する場合

変更するやむを得ない事由が必要
（子どもが適応しないために、婚姻中の姓に戻したいなど…）

↓

家庭裁判所に「氏変更許可申立書」を提出
許可されたのち、市区町村役場に
「氏変更届」を提出

ADVICE　自分ひとりで決めずに親、兄弟、子ども、経験者などに相談して後悔のないように。また、姓名判断で決める人もいる。

子どもの戸籍と姓の変更をするには？

子どもの姓を変更するには、家庭裁判所に子の氏の変更許可を申立てる

親が離婚しても子どもの戸籍は変わらない

子どもの戸籍と姓についてはどうでしょうか。離婚そのものによって、子どもの戸籍と姓は、なにも変わりません。離婚はあくまでも夫婦の問題であって、子どもは出生時に、両親である夫婦の戸籍に、出生届と同時に入籍されたというのが事実です。

したがって、**子どもは両親が離婚しようとも、そのままでは最初に入籍した籍のままなのです。ですので親権者となった母親が旧姓に戻った場合は、子どもと母親の姓や戸籍は異なることになります。母親が、離婚後も結婚時と同じ姓を名乗る場合も、見かけ上は子どもと同じ氏（姓）ですが、法律的には子どもとは戸籍も姓も別だと考えられています。**

15歳未満の子どもの姓を変更する場合は親権者が申立てをする

離婚で子どもの姓と戸籍変更はどうなるの？

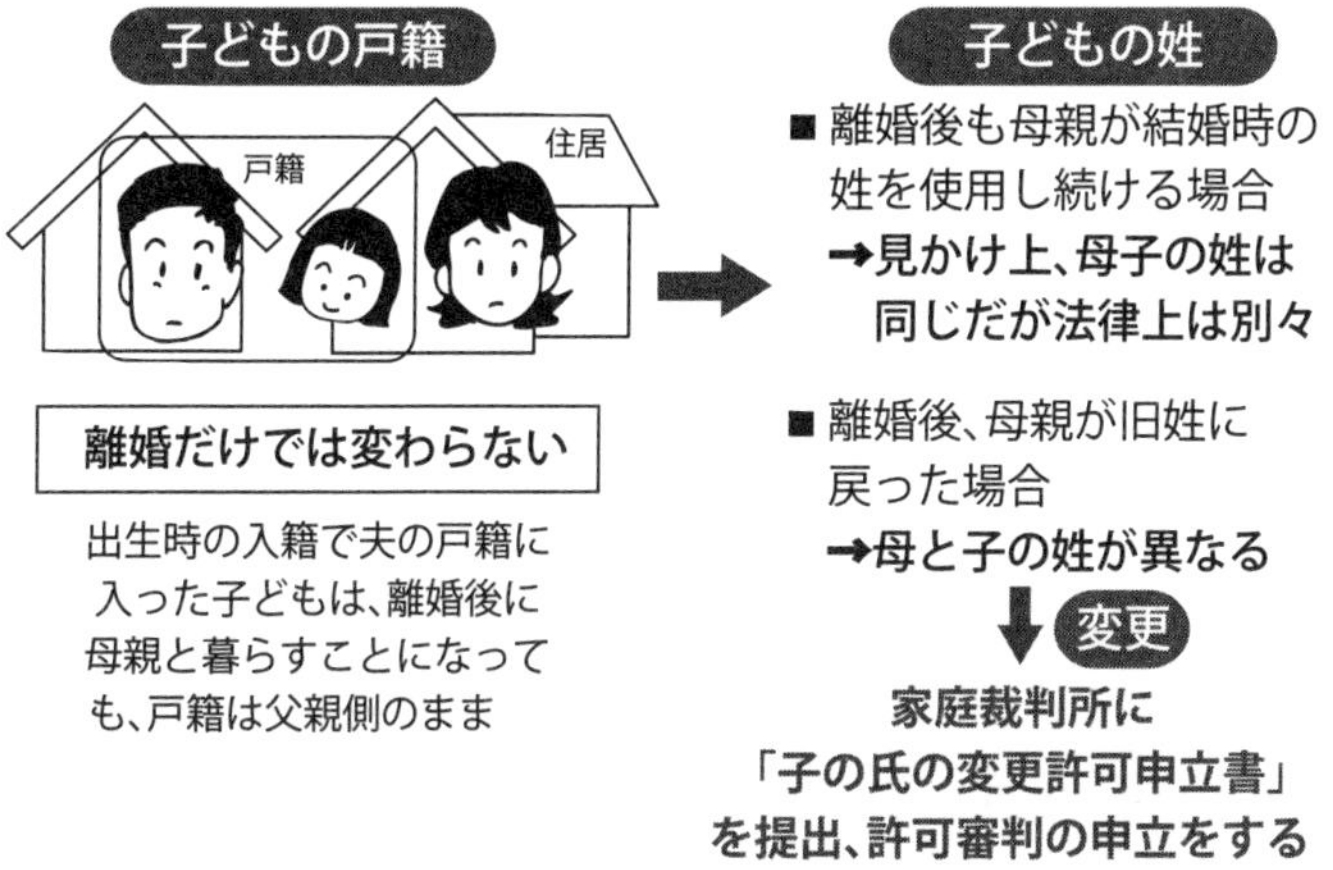
子どもの戸籍
戸籍
住居
離婚だけでは変わらない
出生時の入籍で夫の戸籍に入った子どもは、離婚後に母親と暮らすことになっても、戸籍は父親側のまま
子どもの姓
■ 離婚後も母親が結婚時の姓を使用し続ける場合
➡見かけ上、母子の姓は同じだが法律上は別々
■ 離婚後、母親が旧姓に戻った場合
➡母と子の姓が異なる
変更
家庭裁判所に「子の氏の変更許可申立書」を提出、許可審判の申立をする

子どもの姓を変更したいときには家庭裁判所に「子の氏の変更許可」の申立てをします。**子どもが15歳未満の場合は、親権者である親が、子どもが15歳以上の場合は子ども本人が申立てます。**

離婚後の両親の戸籍謄本を用意して申請することによって、書面のみによる審理で約２～３週間で許可がおりますので、それを市区町村役場の戸籍課に届出ます。

ただし15歳未満の子どもは、自分の意思に関係なく、親に姓の変更をされてしまうこともあります。その場合、子どもが成人して1年以内に限り、変更前の姓（両親が離婚する前の姓）に戻ることができます。

しかし、**親権者になっていない親が、この申立てをすることはできません。親権者である親の側**

から、この申立てをしてもらうか、親権者変更の審判申立てを先にして、その許可を得てから「子の氏変更許可審判」の申立てをすることになります。

そういった場面でも、子どもの親権者になっているかどうかが、重要となってくるわけです。

ですから、離婚の際に親権者・監護者を決めるときには、子どもの戸籍や姓をどうするのかといったことまで考慮して、十分に話し合っておく必要があります。

子どもが15歳以上であれば、子どもが自主的な判断をし、父母のどちらの姓を称するかを決め、自分で「子の氏の変更許可の審判」を申立てることができます。両親のうちどちらが親権者であるかということとは関係ありません。

離婚によって新しい戸籍を編製した親権を持った親が、自分の籍に子どもを移動するには、市区町村役場の戸籍課に「入籍届」を提出します。

入籍届が受理されれば、子どもは離婚によって新しい戸籍を編成した親権者の戸籍に入ります。

旧姓に戻る場合ですが、ひとつの戸籍には2世代までしか入籍できないので、実家の戸籍に子どもを入籍させることはできません。

旧姓に戻る場合でも、子どもと同じ戸籍に入るには、新しい戸籍を作る必要があります。

子どもの姓を変更するときの手続き

子の氏の変更の審判申立て

↓

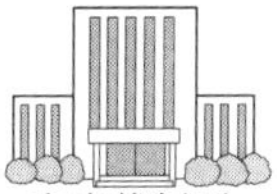

家庭裁判所

子どもが15歳以上 → 本人による申立てが可能

子どもが15歳未満 → 親権者である親が申立てる

親権者でなければ認められていないため、離婚協議の際に2人の間で確認しておく

入籍届の手続

子の氏の変更許可の審判書+入籍届

↓

子の本籍地または子・親権者の住所地の市区町村役場

子どもが15歳以上 → 本人による申請が可能

子どもが15歳未満 → 親権者である親が申請する

子どもが成人して１年以内であれば変更前の姓に戻ることができる

ADVICE

姓を変える場合は学校にも相談して、子どもの交友関係に支障がないように考慮してもらう。ある日突然、急に変えるようなことは避ける。

離婚後の届出・手続き

手続き忘れなどがないように、リストにして対応していく

法的手続きは申し込み期限もあるので注意

離婚後に必要な届出や手続きはたくさんあります。結婚年数にかかわらず、変更したものはすべて元に戻すことになりますし、共有名義のものの名義変更なども、思った以上にあると思います。変更する項目は、各自の状況で異なりますので、一覧表やチェックリストをもとにして個別に対応するようにしましょう。

【離婚後変更すべき項目】

●市区町村役場

・離婚届提出

・印鑑登録のやり直し

・子を扶養する者の新戸籍へ移動（子を扶養する者が結婚前の姓に戻った場合は、家庭裁判所が発

行する「子の氏の変更許可の審判書」が必要）
・児童手当振込み先の変更手続き
・母子・父子家庭の福祉関連手続き・転校の手続き
・国民年金／国民健康保険の手続き

●**裁判所**
・子の氏の変更許可の申請

●**税務署**
・財産分与で発生する税金の支払い

●**社会保険庁**
・厚生年金・国民年金などの手続き

●**その他**
・電気・ガス・水道等のライフラインの手続き
・銀行口座の名義変更・クレジットカードの名義変更
・郵便局の転送届

ADVICE
離婚後の手続きは優先順位と手続き予定日を決めて、計画的に動くこと。

健康保険の脱退と加入の手続き

夫婦同一だった場合と別々だった場合で、手続きも変わってくる

子どもの被保険者としての手続きも忘れない

婚姻中から夫婦ともに別の健康保険に入っている場合には、必要に応じて姓を変更するだけです。それでも、手続きを行なわないわけにはいきませんので、自身が加入している健康保険組合に届け出る必要があります。

夫婦どちらか一方の健康保険に被扶養者として入っていた配偶者は、その健康保険から退《しりぞ》かなくてはなりません。そして、**あらためて国民健康保険または（自分の親の扶養家族として、親が加入している健康保険に加入する場合には）自分の親が加入している健康保険に加入することになります**。もちろん、離婚後に健康保険が整った企業に就職した場合には、その会社の健康保険組合に加入することになります。なお、子どもの健康保険の状態もしっかり確認します。戸籍上の関係に従って、被保険者として加入の手続きをすることを忘れないようにしましょう。

健康保険の変更はどうすればいい？

婚姻時、2人が別々の健康保険に加入していた場合

↓

離婚により、姓が変わったという
手続きだけをする

婚姻時、2人がどちらか一方の健康保険に加入していた場合

一方の保険に入っていた人（例えば専業主婦だった人）
は、脱退する必要がある

その後

国民健康保険あるいは新たな勤務先の健康保険に加入	または	自分の親の扶養家族として、親が加入する健康保険に加入

ADVICE 保険に入っていない期間がないように、手続きは早めに調べて日程も決めておく。

年金の変更手続きはどのように行なう？

専業主婦だった妻は大きな変更があり保険料の負担も

各種年金が変更になるので注意する

各種年金も変更が必要になります。ここでは、サラリーマンの夫に扶養されている妻が離婚によって、国民年金に加入するケースで見ていきます。

夫が、第2号被保険者（会社や役所に勤めている）の場合の妻（第2号被保険者に扶養されている20歳以上60歳未満の配偶者）は、婚姻中には、第3号被保険者として国民年金に加入しています。その期間には、妻の保険料は、第2号被保険者である配偶者が加入している厚生年金や共済組合が負担するので、とくに納める必要はありません。離婚後、妻が社会保険制度が整った企業に就職する場合は、自身が第2号被保険者として会社の厚生年金に加入します。

国民年金に加入する場合は第1号被保険者となります。自分の親に扶養されていても、国民年金保険料の負担が生じます。

離婚によって年金はどう変わる？

年金の種別変更をする

サラリーマンの夫と、扶養されている妻の夫婦が
離婚したケース

婚姻時

夫
第２号被保険者
（サラリーマン本人）

妻
第３号被保険者
（サラリーマンの妻）

離婚時

夫 → **そのまま**

妻 →

新たに正社員として勤務する場合
→ **会社を通じて第２号被保険者となる**
会社を通じて
厚生年金保険料を支払う
（給料からの天引きとなる）

就職しなかったり、自分の親に扶養される場合
→ **第１号被保険者となる**
市区町村役場の保険年金課で
種別変更手続き
（以降の国民年金保険料は
自分で納付する）

ADVICE 年金は受け取り時期まで考えて、まわりに相談しておくとよい。

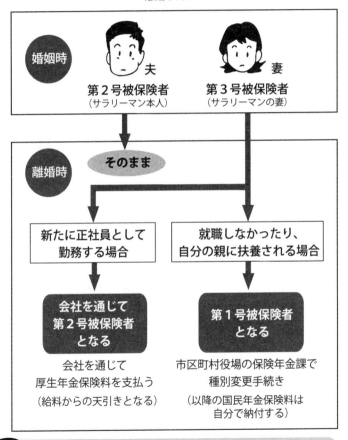

離婚後の生活支援制度について

公的支援は一時的な救急措置として考え、利用する

各種支援・相談窓口は利用すべきだが、過剰な期待は禁物

離婚して生活に困窮したとき、とくに子どもを持って路頭に迷いそうになったとき、誰かの助けを求めたくなるのは当然のことです。そんなときに、多くの人が公共の福祉を思い浮かべるでしょう。左のページのようなものが例にあげられます。こうしてみると、意外と恵まれているのではないかとも思えます。

ただ、本当にそういった公的支援でどこまで生活できるのかというと、かなり不安に感じます。**経済的支援は、あくまでも一時的なものと考えなくてはなりませんし、資金の貸し付けなどでも、結局は保証人が必要だったり、審査が厳しかったりで、実際には受けられないという人もたくさん出ているのです。**

現代社会の中では、ファストフード店難民、インターネット難民というような人たちが増えてい

母子家庭に付与される社会福祉の例

生活保護

日本の憲法第 25 条に規定する理念（生存権）に基づいて、国が生活に困窮するすべての国民に対して、その困窮の程度に応じた必要な保護を行ない、その最低限度の生活を保障するとともに自立を助長する制度

児童扶養手当

18 才未満の子ども（一定の障害がある場合は 20 才未満）がいる母子家庭に児童扶養手当支給の制度がある。父母の離婚等により、父親と生計を同じくしていない児童を養育している母または監護者に条件を満たせば支給される

一人親家庭等医療費助成制度

18 歳未満の児童を扶養しているひとり親家庭等の母又は父及びその児童又は父母のない 18 歳未満の児童は医療費の自己負担分と、入院時の食事療養に係る医療費が無料になる（ただし、所得制限がある）

母子福祉センター

無料または低額な料金で、母子家庭・寡婦などに対して、各種の相談に応じるとともに、生活相談及び生業の指導を行なうなど、母子家庭・寡婦などの福祉のための便宜を総合的に供与する施設

母子生活支援施設

母子家庭の母と子をともに保護し、入所者の自立の促進のため生活・住宅・教育・就職その他について支援する施設がある

母子家庭等緊急援護資金貸付

母子家庭等に対し、緊急に必要とする資金の貸付けを行なうことにより生活の安定と自立を図る制度

税金、国民年金の軽減

申告すれば所得税、住民税、国民年金の保険料が軽減される

ADVICE 子どもを通して別れたパートナーやその家族と交流を持つと、子どもに関することにお金を出してくれることもある。

ます。住まいを持たずに、24時間営業のファストフード店やインターネットカフェに寝泊まりして、「ワンコールジョブ」といわれる、電話で申し込む日雇い労働などで生きている人たちのことです。

こういった「難民」といわれる生活者の中には、離婚がきっかけだったという人もたくさんいます。彼らの多くは、現状に満足しているわけではないといわれていますが、アルバイトも含めて、正規に就労することができないので、続けざるを得ない人も多いのです。

では、なぜ就労できないのでしょう。

状況に合わせたライフスタイルを模索する

そこには俗にいう「30万円の壁」というものがあります。新しく住まいを借りる際に必要な30万円が用意できないために、生活拠点を持つことができないということです。定住所がないままでは就労もままならず、その悪循環から抜け出せないのです。

彼らは、本当は救済を求めれば、生活保護などの公的援助から生活拠点を持つことに漕《こ》ぎ着くことができるでしょう。ただ、公的援助でも、生活保護以外では保証人を求められることが多く、その条件をクリアしないと受けられないのです。

私は公的支援を受けられるところまでたどり着ける人であれば、現実的にやっていけるのではないかと思っています。

公的支援だけに頼らない自立への道

■コレクティブハウスに住んでみる
■夜間保育園を利用して収入を高める

生活が苦しくても、抜け出す方法を見つけていく

例えば、住まいでいえばコレクティブハウスに住むことをこれからの時代の提案としています。

コレクティブハウスとは、都市における集合住宅のひとつの型式です。個人生活用のプライベートな領域の他に、共用生活スペースを設けた集合住宅のことです。

北欧で生まれた居住スタイルですが、複数のさまざまな形態の家族が共同の台所などを使い、家事・育児を分担し、助け合うスタイルが作られるのです。

また、幼い子どもがいるシングルマザーには、夜間保育園も充実してきています。子どもを長時間預けることができないために収入に限界があった人も、より効率のいい仕事に就けるようになります。

母子家庭のための児童扶養手当

自治体の児童課に申請することで、児童扶養手当が受けられる

情報をこまめに集めて、生活ベースを守る

市区町村役場の児童課に申請

【児童の扶養手当申請に必要な書類】

- 児童扶養手当認定請求書
- 請求者と児童の戸籍謄本
- 世帯全員の住民票の写し
- 請求者の所得証明書

前項でも触れましたが、母子家庭に対する福祉施策である医療費助成や、公共料金や税金などの減免措置を最大限に活かしながら生活ベースを守り、将来は援助のいらない安心で豊かな生活を目指すのは、とてもいいことだと思います。父子家庭のための手当も母子家庭よりは少ないながらありますので、一度役所に足を運んで調べてみましょう。

児童扶養手当認定請求書で注意すること

児童扶養手当の対象となるのは？

・離婚や死亡等により、父と生計を同じくしていない児童を扶養している女性
・子どもが18歳になってから、最初の３月31日に達するまでが対象期間となる（心身に中度以上の障害がある場合には20歳未満まで）
・また、父が一定の障害にある、父の生死が不明、母が婚姻によらずに生まれた児童なども対象となる

児童扶養手当認定請求書の記入の仕方の注意点

申請書は各役所のホームページでダウンロードできる
自治体によって書式が異なる場合もあるので、わからない場合は各自治体の児童課（あるいはそれと同様の担当部署）で相談にものってくれる

・「支払希望金融機関」は、支払いを受けるのに最も便利な金融機関を選び、銀行の名称・支店名、口座番号を記入する
・「年金の受給状況」などは、障害年金や遺族年金、老齢年金など公的年金を受けることができない場合に「受けることができない」を丸で囲む
（年金の支払いを受けている、あるいは受ける資格がある場合には、児童扶養手当の対象とならない場合がある）
・子どもが２人以上いるときは、父・母氏名記入欄は「左に同じ」でも認められている
・「監護又は養育を始めた年月日」は、児童が児童扶養手当の支給対象となった日以後、監護又は養育を始めた年月日を記入する
・請求書右上の所得に関する部分は、それぞれのケースにあてはめて記入していく

ADVICE 役所の手続きは申請して初めて有効となるので、なるべく早く済ませる。

心の痛手から立ち直るには？

離婚は幸せ探しの一通過点として前向きに考える

傷口ばかり見続けないで心のケアをする

離婚＝心の傷。必ずしもそういう公式に当てはまるケースばかりではないでしょうけれど、エネルギーを消耗し、心にとても深い傷を負ってしまった人は少なくないでしょう。

でも、離婚を人生のひと区切りと捉えて、まだまだ先がある、幸せさがしの一通過点と考えてみるのはいかがでしょう。

子どもの頃の入学式。新しい制服を着て、不安と期待でドキドキしながらも、身が引き締まる思いがしたのではないでしょうか。離婚の傷は、そうした思いを抱きながら、新しい人生へ踏み出し、挑戦することで、いずれ消え去っていくのだと思います。

心の傷、その傷口ばかりを見て、痛い、痛いと言っていても、傷が治ったりはしませんよね？もう傷口を見るのはよしましょう。他のことに目を向けている間に、傷はふさがっているかもしれ

離婚を糧として新たな生活へ
子ども
仕事
趣味
恋愛
etc.
人生の節目だと考えて、新しいことに目を向けていこう！
離婚はたしかにつらい出来事
でも、いつまでも「心の傷」として悩むことはやめる！

ません。

他のことは、仕事でも趣味でもいいでしょう。もちろん、恋愛をしてもいいでしょう。

子どもがいる人は大切なお子さん、心に傷を負ったお子さんに離婚までの期間考えてあげられなかったこと、してあげられなかったことをしっかり謝った上でこれから十分にしてあげたらいいのでは？

心の傷から立ち直るには、傷口を見続けないこと。これが一番です。ただし、傷を受けることになった原因や、それに対する反省や理解は、あなたの糧《かて》としてこれからの人生に活かしていくことを忘れないでくださいね。

ADVICE
離婚しても「今は幸せ」「幸せになる」と宣言することが子どもの安心感につながる。

「養育費算定表」で養育費請求の目安を知る

養育費算定表とは？

養育費の支払い金額は、本文でも触れられているように、それぞれのケースによって異なってくるものです。しかし離婚協議や離婚調停などで養育費の話し合いをするにあたり、出発点となる目安を求めたくなるのは、当事者として当然のことでしょう。

次ページからの養育費算定表は、東京や大阪の裁判官が中心となって作成されました。義務者（支払いをする側）の年収、権利者（受け取る側）の年収、子どもの人数と年齢の3点から、養育費の目安が簡単に割り出すことが可能となっています。

算定表はどのように使えばいい？

算定表の利用方法を理解するために、矢印で示した箇所の見方を例として説明していきます。

◆表の上にあるタイトルが、「子１人表（子0～14歳）」となっています。つまり、この表は夫婦間に0～14歳の子どもが１人いる場合のものです。自分たちに該当する表を使用します。

◆そして、縦軸「義務者の年収」は、養育費を支払う側の年収を示しています。例の場合には、給与所得者なら600万円、自営業者なら440万円となります（なお年収とは、給与所得者なら源泉徴収票の「支払金額」です）。

◆同様に横軸「権利者の年収」は、養育費を受け取る側の年収を示しています。例の場合には、給与所得者なら150万円、自営業者なら112万円となります。

◆そうして両軸の交わった部分、「4～6万円」がこのケースの養育費の目安となるわけです。

このような求め方で自分たちのケースにあてはめて、養育費の目安となる金額を算出してみるとよいでしょう。

※記載は一部です。掲載した以外のケースについては下記のホームページを参照ください。

参考：東京地方裁判所・東京家庭裁判所ホームページ
（http://www.courts.go.jp/tokyo）

●養育費　子１人表（子０～14歳）

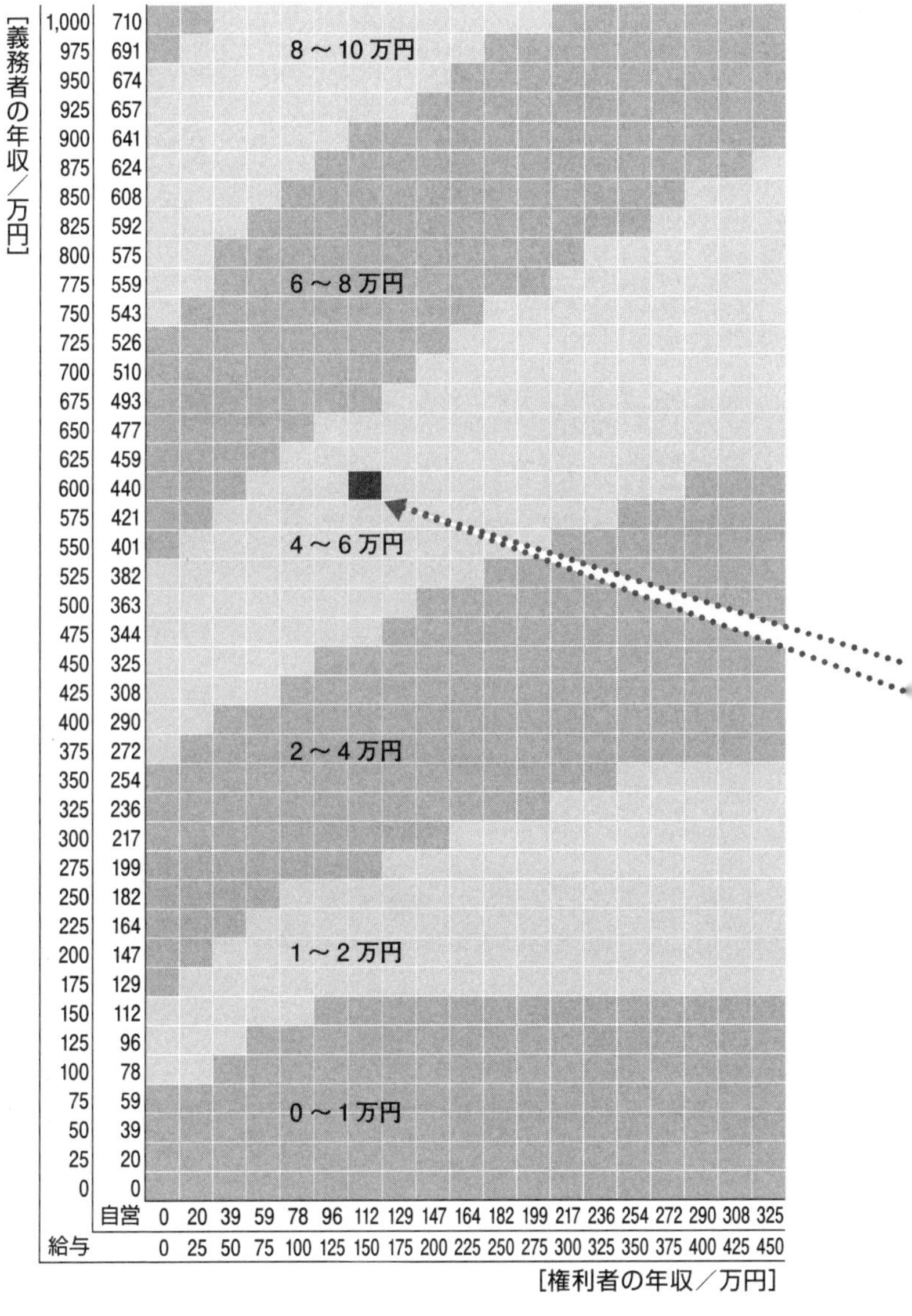
[義務者の年収／万円]
1,000 710
975 691
950 674
925 657
900 641
875 624
850 608
825 592
800 575
775 559
750 543
725 526
700 510
675 493
650 477
625 459
600 440
575 421
550 401
525 382
500 363
475 344
450 325
425 308
400 290
375 272
350 254
325 236
300 217
275 199
250 182
225 164
200 147
175 129
150 112
125 96
100 78
75 59
50 39
25 20
0 0
8～10万円
6～8万円
4～6万円
2～4万円
1～2万円
0～1万円
自営 0 20 39 59 78 96 112 129 147 164 182 199 217 236 254 272 290 308 325
給与 0 25 50 75 100 125 150 175 200 225 250 275 300 325 350 375 400 425 450
[権利者の年収／万円]

●養育費　子２人表（第１子15〜19歳、第２子０〜14歳）

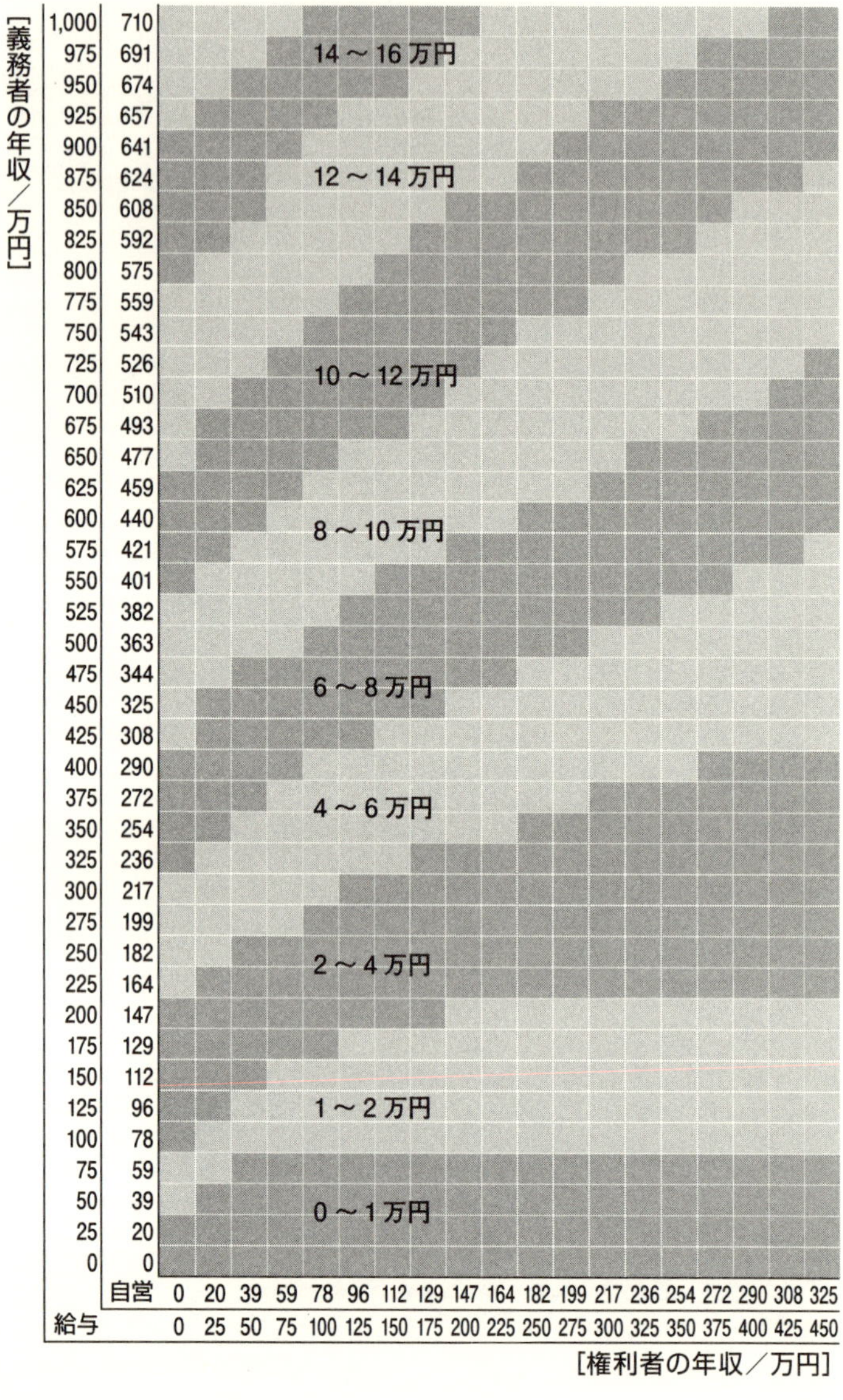
[義務者の年収／万円]
1,000 710
975 691
950 674
925 657
900 641
875 624
850 608
825 592
800 575
775 559
750 543
725 526
700 510
675 493
650 477
625 459
600 440
575 421
550 401
525 382
500 363
475 344
450 325
425 308
400 290
375 272
350 254
325 236
300 217
275 199
250 182
225 164
200 147
175 129
150 112
125 96
100 78
75 59
50 39
25 20
0 0
14〜16万円
12〜14万円
10〜12万円
8〜10万円
6〜8万円
4〜6万円
2〜4万円
1〜2万円
0〜1万円
自営 0 20 39 59 78 96 112 129 147 164 182 199 217 236 254 272 290 308 325
給与 0 25 50 75 100 125 150 175 200 225 250 275 300 325 350 375 400 425 450
[権利者の年収／万円]

●養育費　子2人表（第1子及び第2子15～19歳）

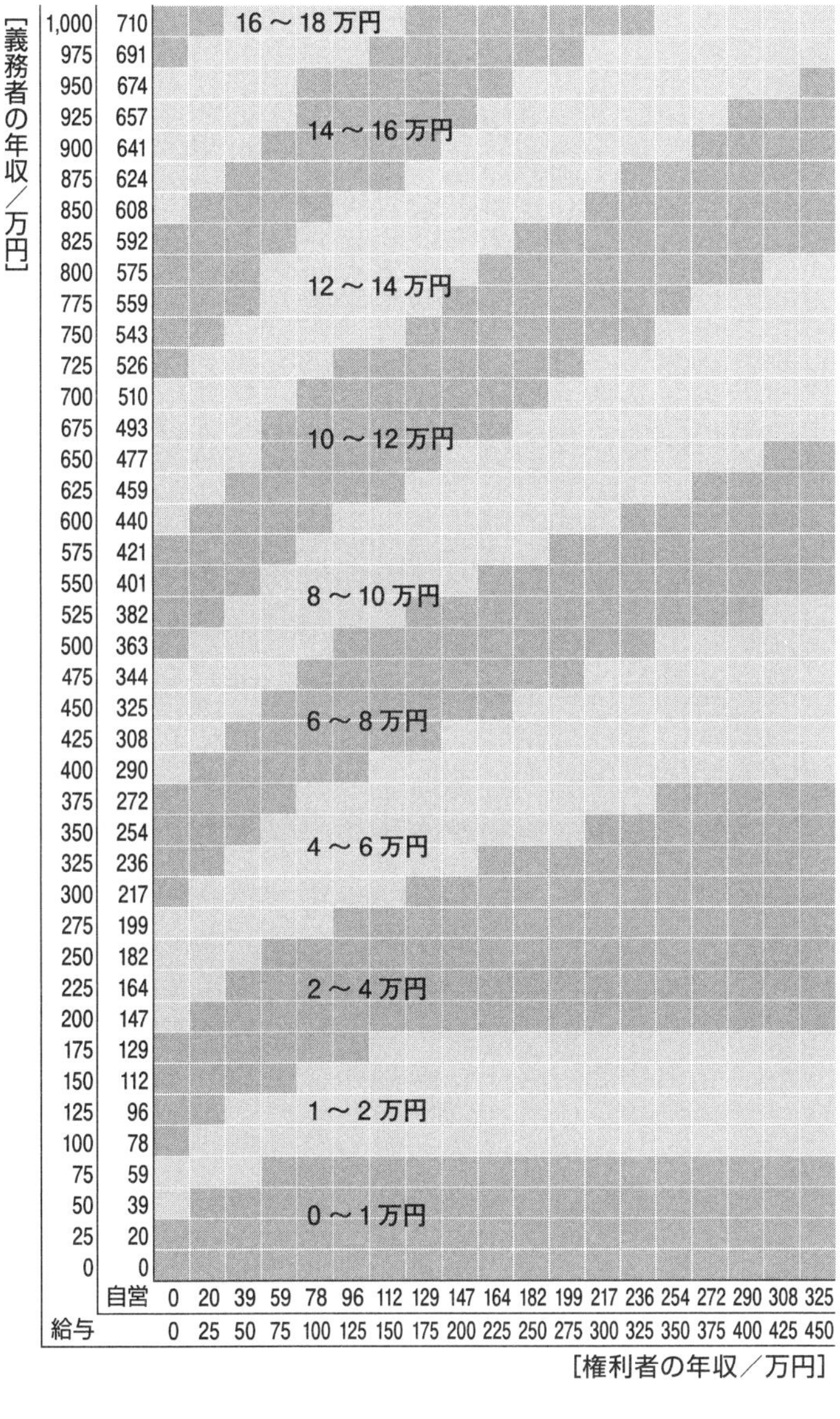
[義務者の年収／万円]
1,000 710
975 691
950 674
925 657
900 641
875 624
850 608
825 592
800 575
775 559
750 543
725 526
700 510
675 493
650 477
625 459
600 440
575 421
550 401
525 382
500 363
475 344
450 325
425 308
400 290
375 272
350 254
325 236
300 217
275 199
250 182
225 164
200 147
175 129
150 112
125 96
100 78
75 59
50 39
25 20
0 0
16～18万円
14～16万円
12～14万円
10～12万円
8～10万円
6～8万円
4～6万円
2～4万円
1～2万円
0～1万円
自営 0 20 39 59 78 96 112 129 147 164 182 199 217 236 254 272 290 308 325
給与 0 25 50 75 100 125 150 175 200 225 250 275 300 325 350 375 400 425 450
[権利者の年収／万円]

●養育費　子３人表（第１子、第２子及び第３子０～14歳）

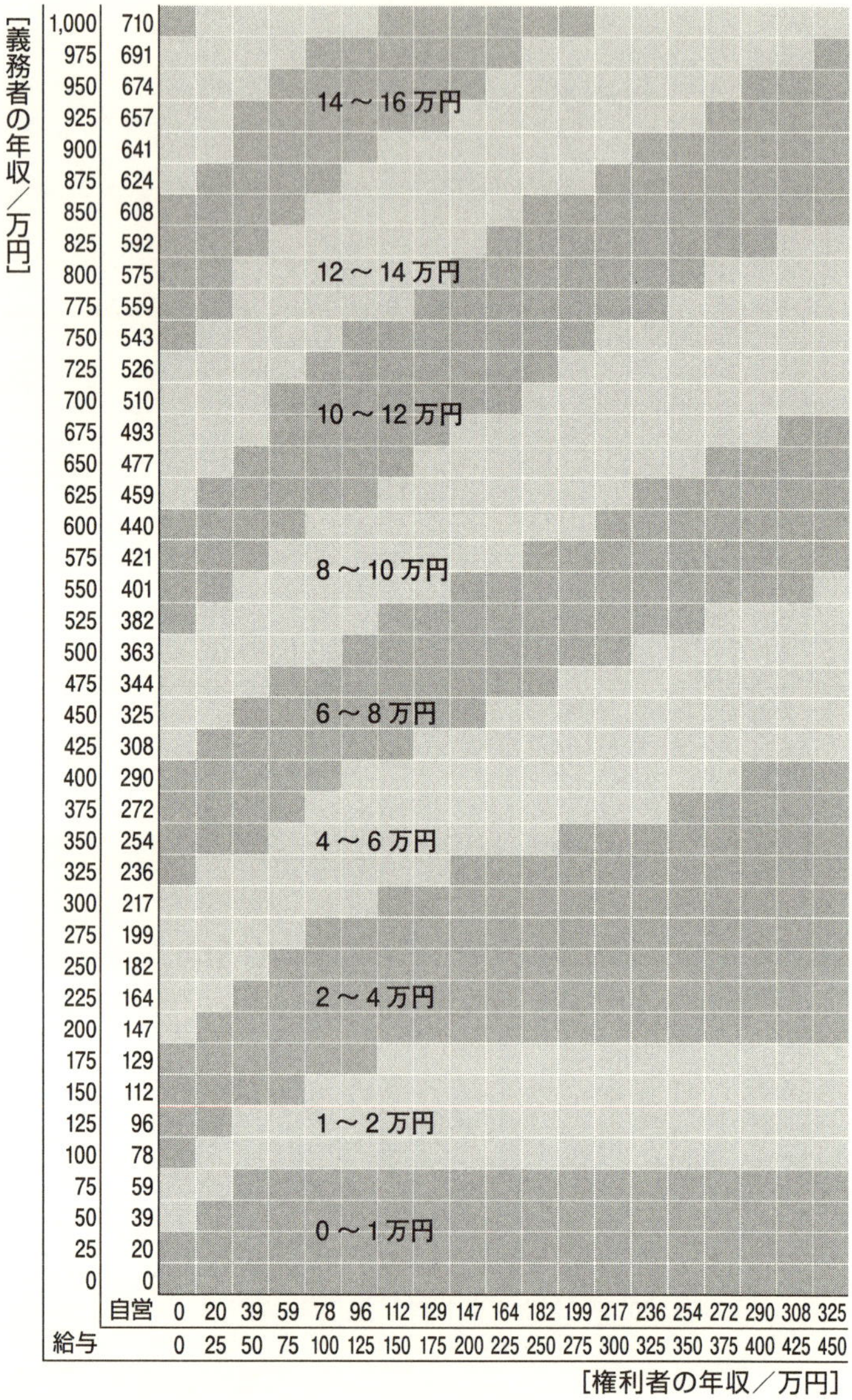
[義務者の年収／万円]
1,000 710
975 691
950 674
925 657
900 641
875 624
850 608
825 592
800 575
775 559
750 543
725 526
700 510
675 493
650 477
625 459
600 440
575 421
550 401
525 382
500 363
475 344
450 325
425 308
400 290
375 272
350 254
325 236
300 217
275 199
250 182
225 164
200 147
175 129
150 112
125 96
100 78
75 59
50 39
25 20
0 0
14～16万円
12～14万円
10～12万円
8～10万円
6～8万円
4～6万円
2～4万円
1～2万円
0～1万円
自営 0 20 39 59 78 96 112 129 147 164 182 199 217 236 254 272 290 308 325
給与 0 25 50 75 100 125 150 175 200 225 250 275 300 325 350 375 400 425 450
[権利者の年収／万円]

●養育費　子３人表（第１子15～19歳、第２子及び第３子０～14歳）

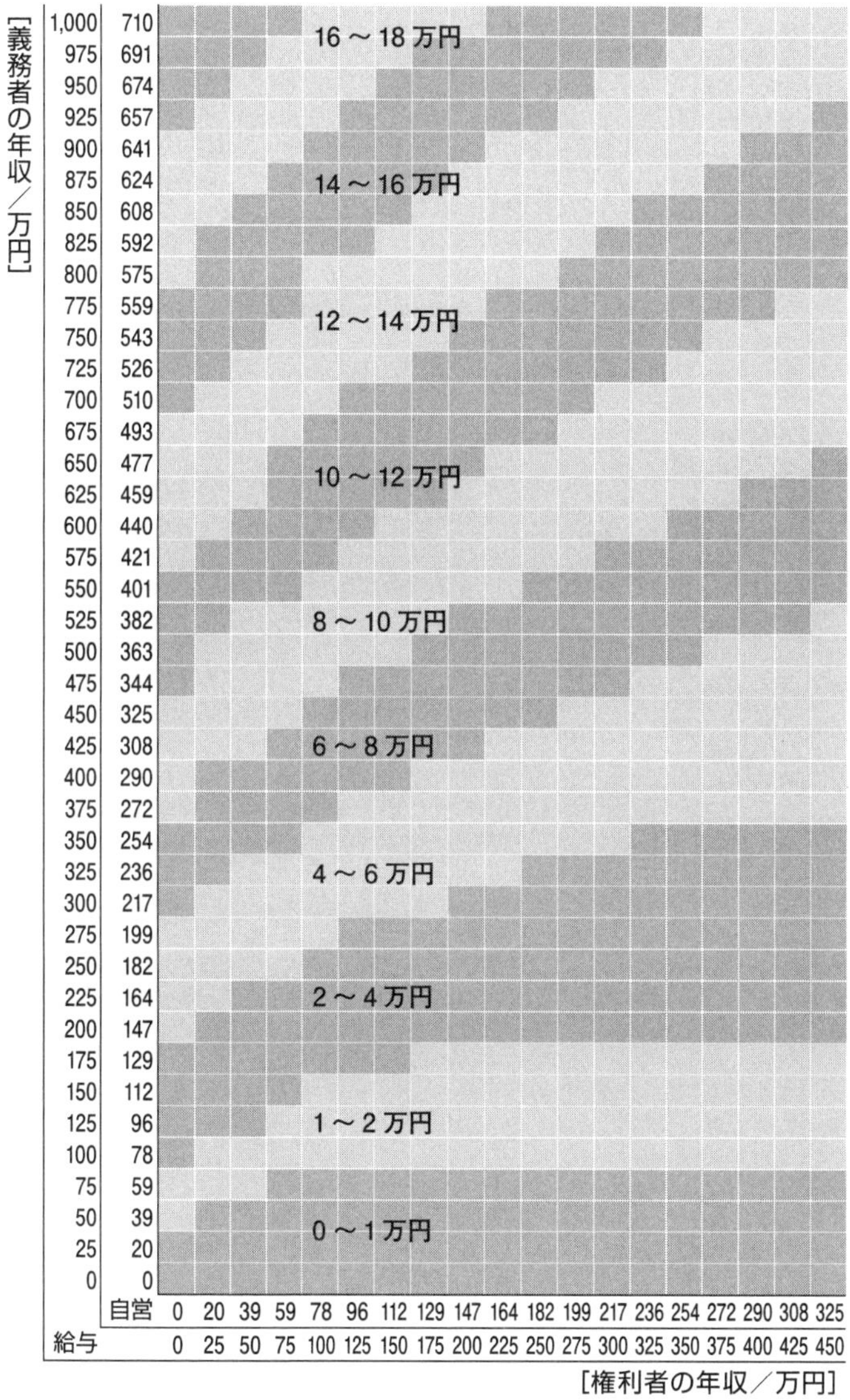
[義務者の年収／万円]
1,000 710
975 691
950 674
925 657
900 641
875 624
850 608
825 592
800 575
775 559
750 543
725 526
700 510
675 493
650 477
625 459
600 440
575 421
550 401
525 382
500 363
475 344
450 325
425 308
400 290
375 272
350 254
325 236
300 217
275 199
250 182
225 164
200 147
175 129
150 112
125 96
100 78
75 59
50 39
25 20
0 0
16～18万円
14～16万円
12～14万円
10～12万円
8～10万円
6～8万円
4～6万円
2～4万円
1～2万円
0～1万円
自営 0 20 39 59 78 96 112 129 147 164 182 199 217 236 254 272 290 308 325
給与 0 25 50 75 100 125 150 175 200 225 250 275 300 325 350 375 400 425 450
[権利者の年収／万円]

●養育費　子３人表（第１子及び第２子15～19歳、第３子０～14歳）

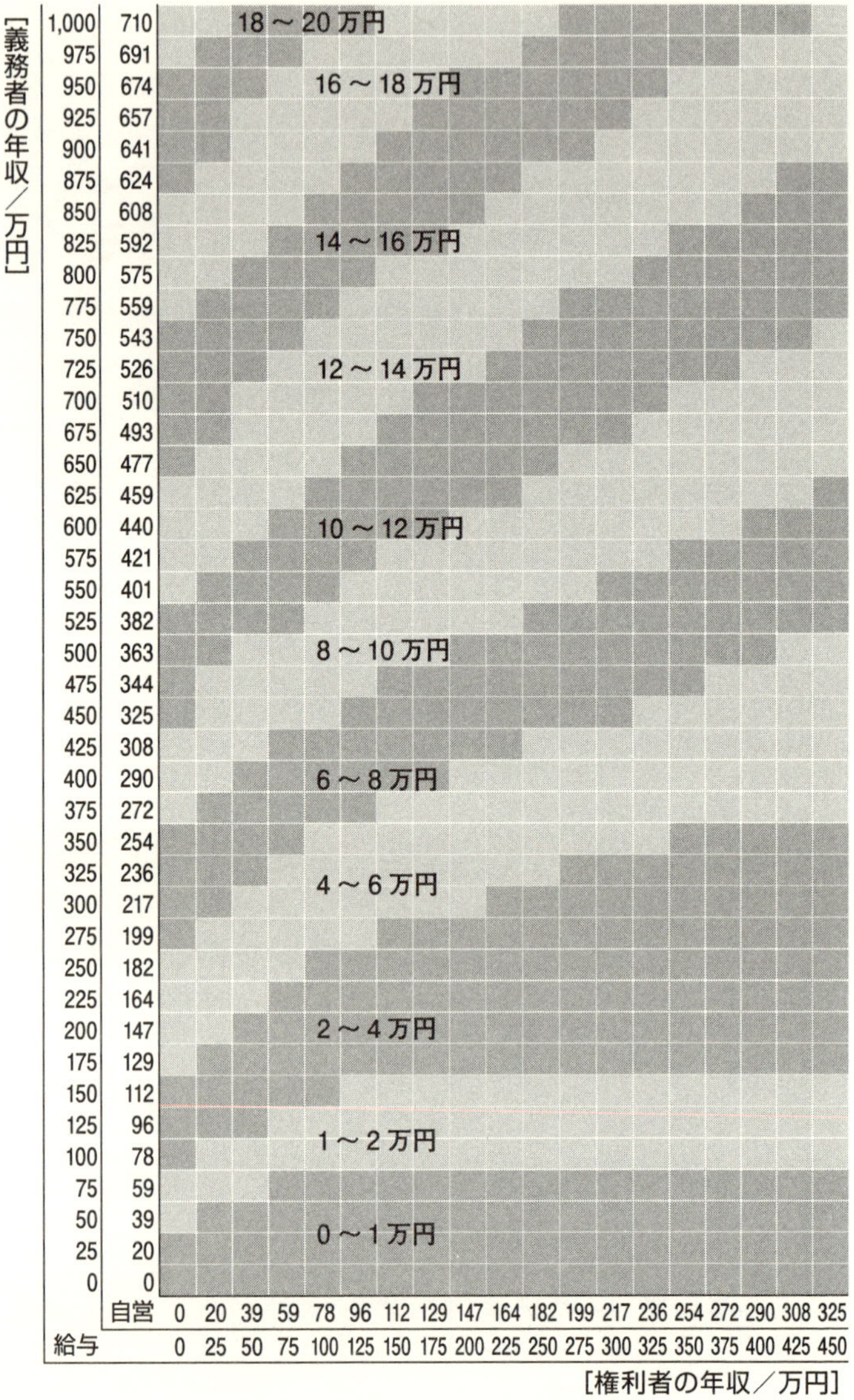

●養育費　子３人表（第１子、第２子及び第３子 15～19歳）

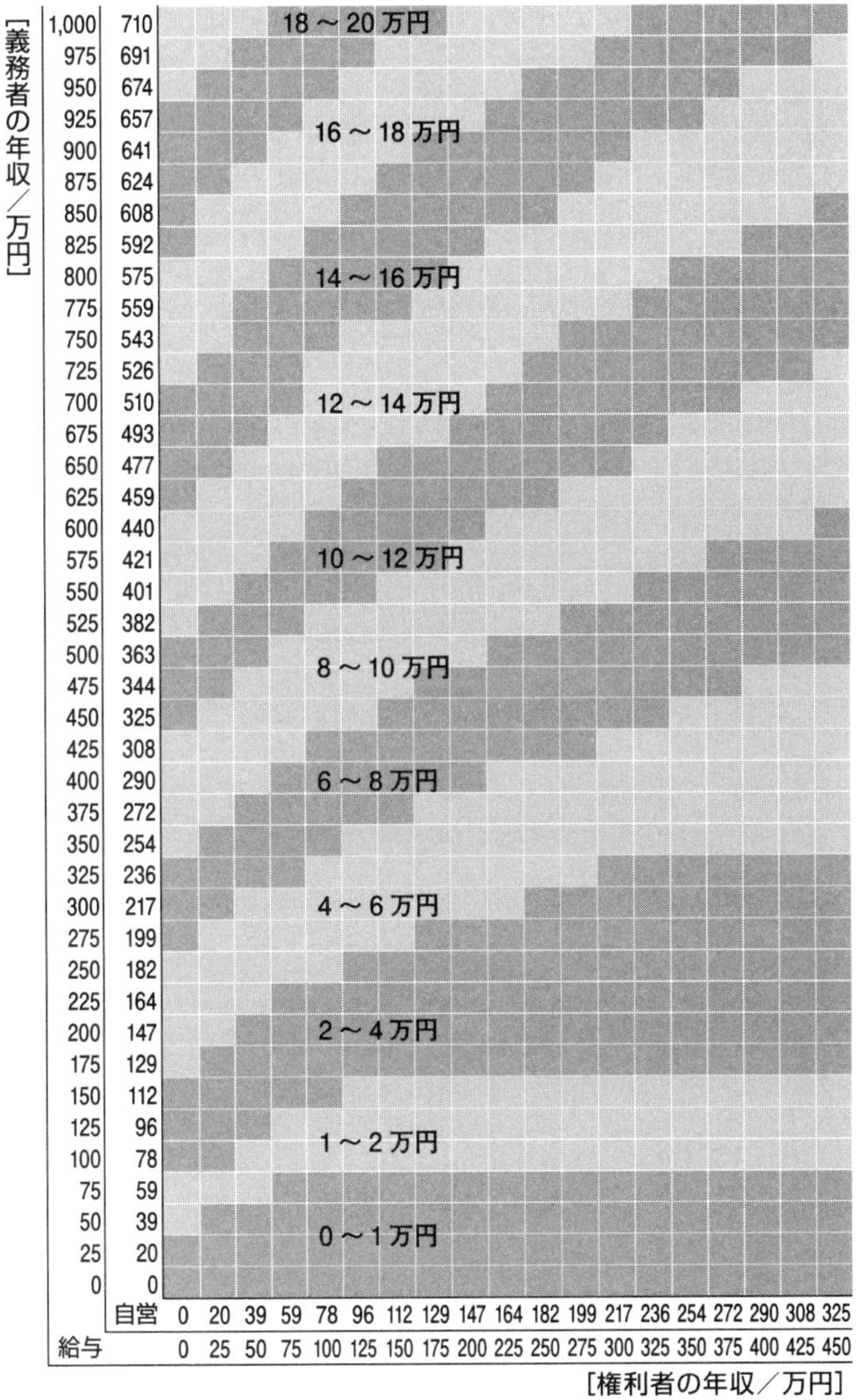
[義務者の年収／万円]
1,000 710
975 691
950 674
925 657
900 641
875 624
850 608
825 592
800 575
775 559
750 543
725 526
700 510
675 493
650 477
625 459
600 440
575 421
550 401
525 382
500 363
475 344
450 325
425 308
400 290
375 272
350 254
325 236
300 217
275 199
250 182
225 164
200 147
175 129
150 112
125 96
100 78
75 59
50 39
25 20
0 0
18～20万円
16～18万円
14～16万円
12～14万円
10～12万円
8～10万円
6～8万円
4～6万円
2～4万円
1～2万円
0～1万円
自営 0 20 39 59 78 96 112 129 147 164 182 199 217 236 254 272 290 308 325
給与 0 25 50 75 100 125 150 175 200 225 250 275 300 325 350 375 400 425 450
[権利者の年収／万円]

全国の家庭裁判所 所在地・連絡先一覧

北海道

札幌家庭裁判所	〒060-0042	北海道札幌市中央区大通西12	011-221-7281
旭川家庭裁判所	〒070-8641	北海道旭川市花咲町4	0166-51-6251
釧路家庭裁判所	〒085-0824	北海道釧路市柏木町4-7	0154-41-4171
函館家庭裁判所	〒040-8602	北海道函館市上新川町1-8	0138-38-2370

東北地方

青森家庭裁判所	〒030-8523	青森県青森市長島1-3-26	017-722-5351
秋田家庭裁判所	〒010-8504	秋田県秋田市山王7-1-1	018-824-3121
盛岡家庭裁判所	〒020-8520	岩手県盛岡市内丸9-1	019-622-3165
山形家庭裁判所	〒990-8531	山形県山形市旅篭町2-4-22	023-623-9511
仙台家庭裁判所	〒980-8637	宮城県仙台市青葉区片平1-6-1	022-222-4165
福島家庭裁判所	〒960-8112	福島県福島市花園町5-38	024-534-2156

関東・甲信越地方

東京家庭裁判所	〒100-8956	東京都千代田区霞が関1-1-2	03-3502-8331
横浜家庭裁判所	〒231-8585	神奈川県横浜市中区寿町1-2	045-345-3463
さいたま家庭裁判所	〒330-0063	埼玉県さいたま市浦和区高砂3-16-45	048-863-8761（家裁事務局総務課）
千葉家庭裁判所	〒260-0013	千葉県千葉市中央区中央4-11-27	043-333-5327
水戸家庭裁判所	〒310-0062	茨城県水戸市大町1-1-38	029-224-8175
宇都宮家庭裁判所	〒320-8505	栃木県宇都宮市小幡1-1-38	028-621-2111
前橋家庭裁判所	〒371-8531	群馬県前橋市大手町3-1-34	027-231-4275
甲府家庭裁判所	〒400-0032	山梨県甲府市中央1-10-7	055-213-2541
静岡家庭裁判所	〒420-8604	静岡県静岡市葵区城内町1-20	054-903-8269
長野家庭裁判所	〒380-0846	長野県長野市旭町1108	026-403-2038
新潟家庭裁判所	〒951-8513	新潟県新潟市中央区川岸町1-54-1	025-266-3171

中部・北陸地方

名古屋家庭裁判所	〒460-0001	愛知県名古屋市中区三の丸1-7-1	052-223-3411
津家庭裁判所	〒514-8526	三重県津市中央3-1	059-226-4171
岐阜家庭裁判所	〒500-8710	岐阜県岐阜市美江寺町2-4-1	058-262-5121
富山家庭裁判所	〒939-8502	富山県富山市西田地方町2-9-1	076-421-6324

金沢家庭裁判所	〒920-8655	石川県金沢市丸の内 7-1	076-221-3111
福井家庭裁判所	〒910-8524	福井県福井市春山 1-1-1	0776-91-5069

近畿地方

大阪家庭裁判所	〒540-0008	大阪府大阪市中央区大手前 4-1-13	06-6943-5745
京都家庭裁判所	〒606-0801	京都府京都市左京区下鴨宮河町 1	075-722-7211
大津家庭裁判所	〒520-0044	滋賀県大津市京町 3-1-2	077-503-8151
和歌山家庭裁判所	〒640-8143	和歌山県和歌山市二番丁 1	073-428-9959
奈良家庭裁判所	〒630-8213	奈良県奈良市登大路町 35	0742-88-6521
神戸家庭裁判所	〒652-0032	兵庫県神戸市兵庫区荒田町 3-46-1	078-521-5930

中国地方

岡山家庭裁判所	〒700-0807	岡山県岡山市北区南方 1-8-42	086-222-6771
鳥取家庭裁判所	〒680-0011	鳥取県鳥取市東町 2-223	0857-22-2171
松江家庭裁判所	〒690-8523	島根県松江市母衣町 68	0852-35-5200
広島家庭裁判所	〒730-0012	広島県広島市中区上八丁堀 1-6	082-228-0494
山口家庭裁判所	〒753-0048	山口県山口市駅通り 1-6-1	083-922-1330

四国地方

高松家庭裁判所	〒760-8585	香川県高松市丸の内 2-27	087-851-1942
徳島家庭裁判所	〒770-8528	徳島県徳島市徳島町 1-5	088-603-0140
高知家庭裁判所	〒780-8558	高知県高知市丸ノ内 1-3-5	088-822-0340
松山家庭裁判所	〒790-0006	愛媛県松山市南堀端町 2-1	089-942-0077

九州・沖縄地方

福岡家庭裁判所	〒810-8652	福岡県福岡市中央区大手門 1-7-1	092-711-9651
長崎家庭裁判所	〒850-0033	長崎県長崎市万才町 6-25	095-822-6151
佐賀家庭裁判所	〒840-0833	佐賀県佐賀市中の小路 3-22	0952-23-3161
大分家庭裁判所	〒870-8564	大分県大分市荷揚町 7-15	097-532-7161
熊本家庭裁判所	〒860-0001	熊本県熊本市中央区千葉城町 3-31	096-355-6121
宮崎家庭裁判所	〒880-8543	宮崎県宮崎市旭 2-3-13	0985-23-2261
鹿児島家庭裁判所	〒892-8501	鹿児島県鹿児島市山下町 13-47	099-222-7121
那覇家庭裁判所	〒900-8603	沖縄県那覇市樋川 1-14-10	098-855-1000

法テラス 全国事務所の所在地・連絡先一覧

●北海道

※電話番号はすべての事務所で「050」からはじまります。

札幌地方事務所（法テラス札幌）		
〒060-0061	札幌市中央区南１条西 11 －１コンチネンタルビル８Ｆ	050-3383-5555
函館地方事務所（法テラス函館）		
〒040-0063	函館市若松町６－７三井生命函館若松町ビル５Ｆ	050-3383-5560
函館地方事務所江差地域事務所（法テラス江差法律事務所）		
〒043-0034	檜山郡江差町字中歌町 199 －５	050-3383-5563
旭川地方事務所（法テラス旭川）		
〒070-0033	旭川市３条通９－ 1704 －１TK フロンティアビル６Ｆ	050-3383-5566
釧路地方事務所（法テラス釧路）		
〒085-0847	釧路市大町１－１－１道東経済センタービル１Ｆ	050-3383-5567

●東北地方

青森地方事務所（法テラス青森）		
〒030-0861	青森市長島１－３－１日本赤十字社青森県支部ビル２Ｆ	050-3383-5552
秋田地方事務所（法テラス秋田）		
〒010-0001	秋田市中通５－１－ 51 北都ビルディング６Ｆ	050-3383-5550
岩手地方事務所（法テラス岩手）		
〒020-0022	盛岡市大通１－２－１岩手県産業会館本館２Ｆ	050-3383-5546
岩手地方事務所（法テラス気仙）		
〒022-0003	岩手県大船渡市盛町宇津野沢９番地５	050-3383-1402
山形地方事務所（法テラス山形）		
〒990-0042	山形市七日町２－７－ 10 NANA BEANS８Ｆ	050-3383-5544
宮城地方事務所（法テラス宮城）		
〒980-0811	仙台市青葉区一番町３－６－１一番町平和ビル６Ｆ	050-3383-5535
宮城地方事務所（法テラス南三陸）		
〒986-0725	宮城県本吉郡南三陸町志津川沼田56番地(ベイサイドアリーナ横)	050-3383-0210
福島地方事務所（法テラス福島）		
〒960-8131	福島市北五老内町７－５イズム 37 ビル４Ｆ	050-3383-5540
福島地方事務所（法テラス二本松）		
〒964-0917	二本松市本町１丁目 60 番地２	050-3381-3803

●関東・甲信越地方

東京地方事務所新宿出張所（法テラス東京）		
〒160-0023	新宿区西新宿１－２４－１エステック情報ビル１３Ｆ	050-3383-5300
東京地方事務所（法テラス東京法律事務所）		
〒160-0004	新宿区四谷１－４四谷駅前ビル６Ｆ	050-3383-0202
東京地方事務所多摩支部（法テラス八王子）		
〒192-0046	八王子市明神町４－７－ 14 八王子 ON ビル４Ｆ	050-3383-5310
東京地方事務所上野出張所（法テラス上野）		
〒110-0005	台東区上野２−７−13 JTB・損保ジャパン日本興亜上野共同ビル6Ｆ	050-3383-5320
東京地方事務所池袋出張所（法テラス池袋）		
〒170-0013	豊島区東池袋１－ 35 －３池袋センタービル６Ｆ	050-3383-5321

東京地方事務所多摩支部立川出張所（法テラス多摩）
〒190-0012　立川市曙町２－８－１８東京建物ファーレ立川ビル５Ｆ　050-3383-5327
神奈川地方事務所（法テラス神奈川）
〒231-0023　横浜市中区山下町２産業貿易センタービル10Ｆ　050-3383-5360
神奈川地方事務所川崎支部（法テラス川崎）
〒210-0007　川崎市川崎区駅前本町11－1パシフィックマークス川崎ビル10Ｆ　050-3383-5366
神奈川地方事務所小田原支部（法テラス小田原）
〒250-0012　小田原市本町１－４－７朝日生命小田原ビル５Ｆ　050-3383-5370
埼玉地方事務所（法テラス埼玉）
〒330-0063　さいたま市浦和区高砂３－17－15さいたま商工会議所会館６Ｆ　050-3383-5375
埼玉地方事務所川越支部（法テラス川越）
〒350-1123　川越市脇田本町10－10 KJビル３Ｆ　050-3383-5377
埼玉地方事務所熊谷地域事務所（法テラス熊谷法律事務所）
〒360-0037　熊谷市筑波３－１９５熊谷駅前ビル７Ｆ　050-3383-5380
千葉地方事務所（法テラス千葉）
〒260-0013　千葉市中央区中央４－５－１ Qiball（きぼーる）２Ｆ　050-3383-5381
千葉地方事務所松戸支部（法テラス松戸）
〒271-0092　松戸市松戸1879－１松戸商工会議所会館３Ｆ　050-3383-5388
茨城地方事務所（法テラス茨城）
〒310-0062　水戸市大町３－４－36大町ビル３Ｆ　050-3383-5390
茨城地方事務所下妻地域事務所（法テラス下妻法律事務所）
〒304-0063　下妻市小野子町１－66 JA常総ひかり県西会館１Ｆ　050-3383-5393
栃木地方事務所（法テラス栃木）
〒320-0033　宇都宮市本町４－15宇都宮NIビル２Ｆ　050-3383-5395
群馬地方事務所（法テラス群馬）
〒371-0022　前橋市千代田町２－５－１前橋テルサ５Ｆ　050-3383-5399
静岡地方事務所（法テラス静岡）
〒420-0853　静岡市葵区追手町９－18静岡中央ビル２Ｆ　050-3383-5400
静岡地方事務所沼津支部（法テラス沼津）
〒410-0833　沼津市三園町１－11　050-3383-5405
静岡地方事務所浜松支部（法テラス浜松）
〒430-0929　浜松市中区中央１－２－１イーステージ浜松オフィス４Ｆ　050-3383-5410
山梨地方事務所（法テラス山梨）
〒400-0032　甲府市中央１－12－37 IRIXビル１Ｆ・２Ｆ　050-3383-5411
長野地方事務所（法テラス長野）
〒380-0835　長野市新田町1485－１長野市もんぜんぷら座４Ｆ　050-3383-5415
長野地方事務所松本地域事務所（法テラス松本法律事務所）
〒390-0873　松本市丸の内８－３丸の内ビル３Ｆ　050-3383-5417
新潟地方事務所（法テラス新潟）
〒951-8116　新潟市中央区東中通１番町86－51新潟東中通ビル２Ｆ　050-3383-5420
新潟地方事務所佐渡地域事務所（法テラス佐渡法律事務所）
〒952-1314　佐渡市河原田本町394佐渡市役所和田行政サービスセンター2Ｆ　050-3383-5422

●中部・北陸地方

愛知地方事務所（法テラス愛知）
〒460-0008　名古屋市中区栄４－１－８栄サンシティービル15Ｆ　050-3383-5460
愛知地方事務所三河支部（法テラス三河）
〒444-8515　岡崎市十王町２－９岡崎市役所西庁舎（南棟）１Ｆ　050-3383-5465
三重地方事務所（法テラス三重）
〒514-0033　津市丸之内34－５津中央ビル　050-3383-5470
岐阜地方事務所（法テラス岐阜）
〒500-8812　岐阜市美江寺町１－27第一住宅ビル２Ｆ　050-3383-5471
岐阜地方事務所可児地域事務所（法テラス可児法律事務所）
〒509-0214　可児市広見５－152サン・ノーブルビレッジ・ヒロミ101　050-3383-0005
福井地方事務所（法テラス福井）
〒910-0004　福井市宝永４－３－１三井生命福井ビル２Ｆ　050-3383-5475
石川地方事務所（法テラス石川）
〒920-0937　金沢市丸の内７－３６金沢弁護士会館内　050-3383-5477
富山地方事務所（法テラス富山）
〒930-0076　富山市長柄町３－４－１富山県弁護士会館１Ｆ　050-3383-5480

●近畿地方

大阪地方事務所（法テラス大阪）
〒530-0047　大阪市北区西天満１－12－５大阪弁護士会館Ｂ１Ｆ　050-3383-5425
大阪地方事務所堺出張所（法テラス堺）
〒590-0075　堺市堺区南花田口町２－３－20三共堺東ビル６Ｆ　050-3383-5430
京都地方事務所（法テラス京都）
〒604-8005　京都市中京区河原町通三条上る恵比須町427京都朝日会館９Ｆ　050-3383-5433
兵庫地方事務所（法テラス兵庫）
〒650-0044　神戸市中央区東川崎町１－１－３神戸クリスタルタワービル13Ｆ　050-3383-5440
兵庫地方事務所阪神支部（法テラス阪神）
〒660-0052　尼崎市七松町１－２－１フェスタ立花北館５Ｆ　050-3383-5445
兵庫地方事務所姫路支部（法テラス姫路）
〒670-0947　姫路市北条１－408－５光栄産業(株)第２ビル　050-3383-5448
奈良地方事務所（法テラス奈良）
〒630-8241　奈良市高天町38－３近鉄高天ビル６Ｆ　050-3383-5450
滋賀地方事務所（法テラス滋賀）
〒520-0047　大津市浜大津１－２－22大津商中日生ビル５Ｆ　050-3383-5454
和歌山地方事務所（法テラス和歌山）
〒640-8155　和歌山市九番丁15九番JMGビル６Ｆ　050-3383-5457

●中国地方

広島地方事務所（法テラス広島）
〒730-0013　広島市中区八丁堀２－31広島鴻池ビル１Ｆ　050-3383-5485
山口地方事務所（法テラス山口）
〒753-0072　山口市大手町９－11山口県自治会館５Ｆ　050-3383-5490

岡山地方事務所（法テラス岡山）

〒700-0817　岡山市北区弓之町２－15 弓之町シティセンタービル２Ｆ　050-3383-5491

鳥取地方事務所（法テラス鳥取）

〒680-0022　鳥取市西町２－311 鳥取市福祉文化会館５Ｆ　050-3383-5495

鳥取地方事務所倉吉地域事務所（法テラス倉吉法律事務所）

〒682-0023　倉吉市山根 572 サンク・ピエスビル 202 号室　050-3383-5497

島根地方事務所（法テラス島根）

〒690-0884　松江市南田町 60　050-3383-5500

●四国地方

香川地方事務所（法テラス香川）

〒760-0023　高松市寿町２－３－11 高松丸田ビル８Ｆ　050-3383-5570

徳島地方事務所（法テラス徳島）

〒770-0834　徳島市元町１－２４アミコビル４Ｆ　050-3383-5575

高知地方事務所（法テラス高知）

〒780-0870　高知市本町４－１－37 丸ノ内ビル２Ｆ　050-3383-5577

高知地方事務所須崎地域事務所（法テラス須崎法律事務所）

〒785-0003　須崎市新町２－３－26　050-3383-5579

愛媛地方事務所（法テラス愛媛）

〒790-0001　松山市一番町４－１－11 共栄興産一番町ビル４Ｆ　050-3383-5580

●九州・沖縄地方

福岡地方事務所（法テラス福岡）

〒810-0004　福岡市中央区渡辺通５－14－12 南天神ビル４F　050-3383-5501

福岡地方事務所北九州支部（法テラス北九州）

〒802-0006　北九州市小倉北区魚町１－４－21 魚町センタービル５Ｆ　050-3383-5506

佐賀地方事務所（法テラス佐賀）

〒840-0801　佐賀市駅前中央１－４－８太陽生命佐賀ビル３Ｆ　050-3383-5510

長崎地方事務所（法テラス長崎）

〒850-0875　長崎市栄町１－25 長崎 MS ビル２Ｆ　050-3383-5515

長崎地方事務所佐世保地域事務所（法テラス佐世保法律事務所）

〒857-0806　佐世保市島瀬町４－19 バードハウジングビル 402　050-3383-5516

長崎地方事務所壱岐地域事務所（法テラス壱岐法律事務所）

〒811-5135　壱岐市郷ノ浦町郷ノ浦 174 吉田ビル３Ｆ　050-3383-5517

大分地方事務所（法テラス大分）

〒870-0045　大分市城崎町２－１－７　050-3383-5520

熊本地方事務所（法テラス熊本）

〒860-0844　熊本市中央区水道町１－２３加地３Ｆ　050-3383-5522

宮崎地方事務所（法テラス宮崎）

〒880-0803　宮崎市旭１－２－２宮崎県企業局３Ｆ　050-3383-5530

鹿児島地方事務所（法テラス鹿児島）

〒892-0828　鹿児島市金生町４－１０アーバンスクエア鹿児島ビル６Ｆ　050-3383-5525

鹿児島地方事務所鹿屋地域事務所（法テラス鹿屋法律事務所）

〒893-0009　鹿屋市大手町１４－２２南商ビル１Ｆ　050-3383-5527

沖縄地方事務所（法テラス沖縄）

〒900-0023 那覇市楚辺１－５－17 プロフェスビル那覇２・３Ｆ　050-3383-5533

用語索引

[著者]

岡野あつこ(おかのあつこ)　夫婦問題研究家・ライフアップカウンセラー

立命館大学産業社会学部卒業。2009年、立教大学大学院21世紀社会デザイン研究科(博士課程・前期)修了。91年に、岡野あつこの離婚相談室を設立。丁寧なカウンセリングと、的確なアドバイスは多くの相談者からの信頼を集め、離婚カウンセラーとしてこれまでに受けた相談件数はすでに3万件を超える。現在、NPO法人日本家族問題相談連盟理事長。離婚カウンセラー養成スクールを設立し、後進の指導にも力を注ぐかたわら、離婚だけにとどまらず、恋愛、結婚など男女に関する相談全般を手がけ、テレビ・ラジオなどのコメンテーターとしても活躍中。『「最高の離婚」のつくりかた』(自由国民社)など著書多数。『岡野あつこの離婚相談救急隊』http://www.rikon.biz/

[監修]

柳田康男(やなぎだやすお)

弁護士・弁護法人やなぎだ代表

地方公務員在職10年。福祉事務所ケースワーカーの経験を生かし、家族問題を得意とする。弁護士には珍しく介護支援専門員(ケア・マネジャー)の資格保有者。3児の父であり、次世代教育が関心事。自身も中央大学法学部兼任講師、中央大学法科大学院実務講師として教壇に立つ。

山下環(やましたたまき)

弁護士・あさみ法律事務所パートナー／離婚カウンセラー

1999年、司法試験合格。東京弁護士会女性のための法律相談担当員。東京地方裁判所非常勤裁判官(調停官)。元総務省消費者行政課リーガルアドバイザー。主な著書に『離婚・離縁事件実務マニュアル』(共著、ぎょうせい)がある。

最新　離婚の準備・手続き・進め方のすべて

2016年12月25日　第1刷発行

著　者　岡野あつこ
監修者　柳田康男/山下 環
発行者　中村 誠
印刷所　玉井美術印刷株式会社
製本所　大口製本印刷株式会社
発行所　株式会社 日本文芸社
〒101-8407　東京都千代田区神田神保町1-7
TEL.03-3294-8931[営業]、03-3294-8920[編集]
URL http://www.nihonbungeisha.co.jp

Printed in Japan 112161216-112161216Ⓝ01
ISBN978-4-537-21442-0
(編集担当：坂)
＊本書は2009年発行『これだけは知っておく離婚の手続きと進め方』を元に加筆、修正し、図版をすべて新規にして作製、再編集したものです。